KARL MÜLLER

ANCORA
15 GE

TEXT

GAETANO CAFIERO

NORA L. DEANS

GIANNI GUADALUPI

THIERRY JIGOUREL

CORNELIA LAUF

CARLO MARINCOVICH

GIULIO MELEGARI

ANGELO MOJETTA

COLIN MONTEATH

ALESSANDRA SENSINI

GIOVANNI SOLDINI

Projektleitung

VALERIA MANFERTO DE FABIANIS

Grafische Konzeption

CLARA ZANOTTI

Grafische Realisation

CLARA ZANOTTI

PATRIZIA BALOCCO LOVISETTI

Redaktion

ALBERTO BERTOLAZZI

CLAUDIA ZANERA

MARIA VALERIA URBANI GRECCHI

Übersetzung

SUSANNE TAUCH

Indischer Ozean – Sansibar

ISBN 3-89893-181-1

Gedruckt in Singapur
Lithos: Fotomec, Torino, Italien

INHALT

MEER

1 • Atlantik, Portugal
Algarve

2-3 • Rotes Meer, Ägypten
Ras Mohammed

4-5 • Pazifik, Australien
Großes Korallenriff

6-7 • Mittelmeer, Italien
Portofino

11 • Pazifik, Französisch
Polynesien

Einleitung

von Gaetano Cafiero

IN ALLEN AUF DER WELT GESCHRIEBENEN SPRACHEN BEZEICHNET DAS WORT „ERDE“ UNSEREN PLANETEN ALS GANZES – UND GLEICHZEITIG DAS FESTLAND, DEN BODEN. EIN WIDERSPRUCH, MÖCHTE MAN MEINEN, DENN DEN WEITAUS GRÖSSTEN TEIL DES GLOBUS BEDECKT WASSER. DIE VON ATMENDEN MENSCHEN, TIEREN UND PFLANZEN BEWOHNTEN KONTINENTE UND INSELN SIND SO GENANNTE „AUFGETAUCHTE ERDE“.

VIELLEICHT LIEGT DER GRUND IM SPÄTEN ERKENNEN DER WAHRHEIT. BIS VOR FÜNF JAHRHUNDERTEN, ZUR ZEIT VON CHRISTOPH KOLUMBUS, WAREN DIE KENNT-

12-13 Pazifik, Kalifornien – Sturmflut in Big Sur.

14-15 Pazifik, Hawaii – Wellen an der Küste von Oahu.

17 Karibik, Florida – Eine Landungsbrücke bei Key West.

Einleitung

NISSE ÜBER GRÖSSE UND BESCHAFFENHEIT DER ERDE UND DER MEERE UNGENAU UND OFT FALSCH. DER STÄNDIGE FORTSCHRITT IN DER FORSCHUNG FÜHRTE ZU IMMER GENAUEREN KENNTNISSEN ÜBER DEN URSPRUNG, DIE ZUSAMMENSETZUNG, DIE DYNAMISCHEN UND PHYSISCHEN EIGENSCHAFTEN DES VON UNS BEWOHNTEN HIMMELSKÖRPERS. ABER ES GIBT NOCH VIELE WUNDER ZU ENTDECKEN.

DAS LEBEN HAT SEINEN URSPRUNG IM OZEAN. OBWOHL ER – WIE AUCH DER ERDBODEN UND DIE LUFT – VON MENSCHLICHEN SPUREN GEZEICHNET IST, BEWAHRT ER DOCH VIELE SEINER URSPRÜNGLICHEN MERKMALE.

IN DEN LETZTEN ZWEI JAHRHUNDERTEN VERFÜNFFACHTE SICH DIE WELTBEVÖLKERUNG UND ERGRIFF VOM

Einleitung

GRÖSSTEN TEIL DER UNBERÜHRTEN GEBIETE BESITZ. WALD, WÜSTE, EBENEN UND SOGAR DIE TUNDRA WICHEN METROPOLEN UND STÄDTEN, BAUERNHÖFEN UND FABRIKEN. SCHIFFE, DIE GRÖSSER SIND ALS MANCHES FISCHERDORF, KREUZEN ZWISCHEN ALLEN KONTINENTEN. UND DENNOCH BLEIBT DIE BLAUE WEITE DIE UNBEGREIFLICH URWÜCHSIGSTE REGION, DIE ZU EINEM GROSSEN TEIL UNGEZÄHMT UND UNVERSCHMUTZT IST. DIE BEZIEHUNG ZWISCHEN MENSCH UND MEER WURDE SEIT IHREN ABENTEUERLICHEN ANFÄNGEN IMMER KOMPLEXER.

DAS MEER IST LEBEN UND TOD: FÜR DEN MENSCHEN DER INDUSTRIEGESELLSCHAFT, DER ES ALS UNERSCHÖPFLICHEN ROHSTOFFQUELL SCHÄTZT; FÜR DIE

Einleitung

ARCHAISCHEN VÖLKER, DIE ES ALS SCHÖPFERISCHE GOTTHEIT VEREHREN; FÜR DEN INTELLEKTUELLEN, DEN WISSENSCHAFTLER UND DEN POETEN, DIE VERSUCHEN, DAS GEHEIMNIS DER INNIGEN, SPIRITUELLEN UND KULTURELLEN BINDUNG ZWISCHEN MENSCHHEIT UND DEM SIE UMGEBENDEN MEER ZU ENTSCHLÜSSELN. TAUCHGERÄTE FÜHRTEN SCHLIESSLICH ZUR ERFORSCHUNG DER TIEFEN JENSEITS DER ERDOBERFLÄCHE.

UND SO BEGANN DAS EPOS, DAS ZUR EROBERUNG DES SO GENANNTEN „INNERSPACE", DES ERDINNEREN, FÜHREN WIRD, DAS EBENSO FASZINIEREND UND MYSTERIÖS IST WIE DER WELTRAUM.

21 Pazifik, Tonga – Kleine Insel im Vavau-Archipel.

22-23 Pazifik, Kalifornien – Surfen unter einer sich brechenden Welle.

24-25 Pazifik, Französisch Polynesien – Atoll der Marquesas-Inseln.

BILDER aus dem ALL

GIULIO MELEGARI

Pazifik – Sturm im Süden von Alaska.

EINLEITUNG Bilder aus dem All

„AM DRITTEN TAG SPRACH GOTT: ES SAMMLE SICH DAS WASSER UNTER DEM HIMMEL AN BESONDERE ORTE, DASS MAN DAS TROCKENE SEHE. UND ES GESCHAH SO. UND GOTT SAH, DASS ES GUT WAR.“ (GENESIS, 1.9/1.10). DEN ERSTEN BLICK AUF UNSERE ERDE FINDET MAN ALSO IN DER BIBEL: DIE ERDE STIEG AN EINER STELLE AUF, OZEANE UND MEERE SAMMELTEN SICH AN ANDERER STELLE. SIEBEN ZEHNTEL DER ERDOBERFLÄCHE BESTEHEN AUS WASSER, UND AUF JEDEN QUADRATMETER FESTLAND, AUF DEM WIR GEHEN KÖNNEN, KOMMEN FAST ZWEIEINHALB QUADRATMETER, IN DENEN WIR NUR SCHWIMMEN ODER EINTAUCHEN KÖNNEN. DAS ELEMENT WASSER BEHERRSCHT UNSER LEBEN UND DAS ALLER TIERE. DIE

EINLEITUNG Bilder aus dem All

ERSTEN BILDER, DIE VIA SATELLIT ODER BEI RAUMFAHRTUNTERNEHMUNGEN AUF DIE ERDE GESENDET WURDEN, LIESSEN UNS STAUNEN: UNTER DEN WOLKEN GAB ES ÜBERALL RIESIGE WASSERSPIEGEL, AZURBLAU, TIEFBLAU ODER GOLDEN. SIE TRENNEN DIE KONTINENTE UND UMGEBEN DIE INSELN. DIE MEERE UNTERSCHEIDEN SICH VONEINANDER DURCH DIE CHANGIERENDEN FARBEN, ENTSPRECHEND DER UNTERSCHIEDLICHEN TIEFEN UND DER REFLEXION DES LICHTES. DAS MITTELMEER IST HELLER, DER ATLANTIK DUNKLER, DER PAZIFIK IST GRÜN, UND IN ALLEN LIEGEN GRÖSSERE ODER KLEINERE INSELN UND ATOLLE. DIE TIEFEN GRÄBEN, DIE DEN ASIATISCHEN KONTINENT IM OSTEN BEGRENZEN, SIND SCHWARZ UND WERDEN ZWISCHEN

Bilder aus dem All

Einleitung

JAPAN UND DEN PHILIPPINEN ZU RIESIGEN SCHLÜNDEN. UND DANN DAS LICHT! AN DEN POLEN IST ES FAHL, FAST METALLISCH, IN DEN GESCHLOSSENEREN MEEREN WIRD WARMES LICHT REFLEKTIERT. UND SCHLIESSLICH DIE WOLKEN: WO LUFTMASSEN AUFEINANDER TREFFEN, SIND SIE CHOREOGRAPHEN UND KREIEREN WAHRE TÄNZE AUF DER MEERESOBERFLÄCHE, BIS HIN ZU BEDROHLICHEN WIRBELN, DIE SICH IN DER MITTE KONZENTRIEREN. DIES SIND DIE DRAMATISCHSTEN ZEICHEN FÜR DEN LEBENDIGEN ATEM UNSERES PLANETEN ERDE, EIN GROSSES, SICH STÄNDIG VERÄNDERNDES KALEIDOSKOP, DAS MAN NUR MIT DEM AUGE DES SATELLITEN IN VOLLEM UMFANG BETRACHTEN KANN.

Atlantik – Einzelne Wellen auf hoher See.

32-33 • Pazifik, Neuguinea
– Eruption des Vulkans Rabaul.

33 • Atlantik – Subtropischer Zyklon.

Eiswelten

34 • Atlantik – Küsten der westlichen Antarktis.

35 • Beringsee – Das westliche Alaska und die Beringstraße.

Die Tropen

36 ● Pazifik, Australien – Great Barrier Reef.

37 ● Pazifik, Australien – Disappointment Reach.

38-39 ● Karibik – Kuba und oben links die Florida Keys; rechts erkennt man die Insel Andros (Bahamas).

Das Mittelmeer

40 • Mittelmeer
– Meerenge von Gibraltar.

40-41 • Mittelmeer
– Süditalien und Sizilien.

42 ▫ Atlantik, Afrika – Küste von Namibia.

43 ▫ Rotes Meer – Ägyptische Küste, Sinaihalbinsel und Teile der Arabischen Halbinsel.

44-45 ▫ Südliche Halbkugel – Afrika, Arabische Halbinsel und Indischer Ozean.

KÜSTEN und GESTADE

GIANNI GUADALUPI

• Indischer Ozean, Ladigue (Seychellen) – Anse Source d'Argent.

EINLEITUNG Küsten und Gestade

DAS MEER ERSCHAFFT UND ZERSTÖRT, ODER BESSER: ES VERÄNDERT UND VERSCHLINGT. MIT UNENDLICHER GEDULD ARBEITET ES SEIT JAHRTAUSENDEN ALS BILDHAUER DER TROCKENEN ERDE UND FORMT SIE JE NACH LAUNE. ES HÄMMERT, ZERBRÖKKELT UND ZERBRÖSELT, BIS DER FELS ZU SAND WIRD, BIS SCHLUCHTEN UND FJORDE ENTSTEHEN, BIS KAPS, HALBINSELN UND RIFFE SICH ERHEBEN UND GERÖLL UND SAND DIE KÜSTEN BEDECKEN.

ALS EXTRAVAGANTER DEKORATEUR SCHMÜCKT DAS MEER DIE KÜSTEN MIT DEM DER STRÖMUNG, DEM WIND UND DEN GEZEITEN ANVERTRAUTEN TREIBGUT: RESTE VERSUNKENER SCHIFFE KEHREN ZURÜCK WIE EINE EWIGE WARNUNG, DIE MACHT DES MEERES NICHT

EINLEITUNG Küsten und Gestade

ZU UNTERSCHÄTZEN. EINST, ALS DIE MENSCHEN GEHEIMNISSE UND MYSTERIEN NOCH RESPEKTIERTEN UND FÜRCHTETEN, SCHICKTE DAS MEER SELTSAME KREATUREN ANS UFER: DIE SIRENEN, DIE SEELEUTE RAUBTEN, DEN WAL, DER JONAS VERSCHLANG, UND DAS UNGEHEUER, DAS ANDROMEDA FRASS.

MANCHMAL GRIFF DAS MEER AUF GÖTTLICHEN BEFEHL HIN DIE MENSCHEN AN, DIE SICH SÜNDIG IN SEINEN WELLEN SPIEGELTEN, UND IN TEUFELSNÄCHTEN SPÜLTE ES SIE SPURLOS VON DEN KÜSTEN HINWEG, DENN SEINE UFER SOLLTEN SAUBER WIE DAS SALZWASSER BLEIBEN. DIES SIND LEGENDÄRE ODER DEN GESCHICHTSBÜCHERN ENTNOMMENE KATASTROPHEN. SO ERGING ES DER REICHEN, LUXURIÖSEN,

Küsten und Gestade

Einleitung

BRETONISCHEN STADT YS, DEREN VERSUNKENE GLOCKEN NOCH HEUTE VERZWEIFELT ERSCHALLEN; SO VERSCHWAND IN CORNWALL DAS GROSSARTIGE LYONESSE, DESSEN BÄUME NUN EWIG AUF DEM GRUND DES MEERES WACHSEN; SO VERSANK NAHE RAGEN DAS SCHÖNE VINETA, DESSEN ERTRUNKENE ZWISCHEN DEN HÄUSERN UNTER WASSER WIE VERLOSCHENE FEUER FLANIEREN, OHNE ZU WISSEN, DASS SIE TOT SIND.

SO VERSCHLINGT DAS MEER JAHR FÜR JAHR, JAHRHUNDERT FÜR JAHRHUNDERT DIE ERDE – UND EINES TAGES WIRD DER OZEAN SEINE ABSOLUTE HERRSCHAFT ÜBER DIE WELT ZURÜCKEROBERN.

51 • Mittelmeer, Budelli, Sardinien (Italien) – Spiaggia Rosa.

52-53 • Mittelmeer, Balearen (Spanien) – Menorca.

Mittelmeer,
Provence (Frankreich)
– Les Calanques.

Mittelmeer,
Provence (Frankreich)
– Porquerolles.

58 • Mittelmeer, Provence (Frankreich) – Estèrel, vor der Küste nahe Saint Raphaèl.

59 • Mittelmeer, Korsika (Frankreich) – Cap Rosso.

60-61 • Mittelmeer, Korsika (Frankreich) – Les Calanches.

62-63 • Mitttelmeer, Ligurien (Italien) – Kap von Portofino.

64-65 ◆ Mittelmeer, Cinque Terre, Ligurien (Italien) – Manarola.

66-67 ◆ Mittelmeer, Toskana (Italien) – Capraia.

68 und 69 ◆ Mittelmeer, Budelli, Sardinien (Italien) – Spiaggia Rosa.

70-71 • Mittelmeer, Sardinien (Italien) – Die Insel Santa Maria im Archipel der Maddalenainseln.

72-73 • Tyrrhenisches Meer, Äolische Inseln (Italien) – Capo Bianco auf Ponza.

74-75 • Mittelmeer, Äolische Inseln (Italien) – Saline.

76-77 • Mittelmeer, Sizilien (Italien) – Lampedusa.

78-79 • Ägäis,
Griechenland
– Santorin.

80-81 • Mittelmeer,
Kreta (Griechenland)
– Bucht von Balos.

82-83 • Atlantik,
Algarve (Portugal)
– Küste bei Sagres.

Ärmelkanal, Frankreich
– Côte d'Albatre.

86 ● Atlantik, Sligo Bay (Irland) – Benbulben.

87 ● Atlantik, Donegal (Irland) – Donegal Bay.

DAS MEER WÜTETE UND ES SCHIEN, ALS WOLLE ES SICH RÄCHEN ... IN DIESEN TAGEN WIMMERTE DER SÜDWESTWIND, DIE KURZEN, STEILEN WELLEN LIEFERTEN SICH WILDE DUELLE, UM SICH ALS ERSTE AN DEN KLIPPEN IM ÄUSSERSTEN WESTEN ZU BRECHEN.

aus DER HAFEN DER VERSCHLUNGENEN TRÄUME *von Björn Larsson*

88-89 Atlantik, Cork (Irland) – Mizen Head.

90-91 Atlantik, Insel Sky (Schottland) – Neist Point.

92-93 • Atlantik,
Maine (USA) – Acadia
National Park.

94-95 • Atlantik,
Florida (USA) – Everglades
National Park.

Golf von Mexiko,
Quintana Roo (Mexiko)
– El Castillo in Tulum.

98-99 • Karibik, Guadeloupe – Pointe des Chateaux.

100-101 • Karibik, Cayo Coco (Kuba).

Pazifik, Galápagos (Ecuador) – Die Inseln Bartholomé und San Salvador.

Pazifik, Galápagosinseln (Ecuador) – Krater des Cerro Azul auf der Insel Isabela.

Atlantik, Nigeria – Küste in der Nähe der Nigermündung.

108-109 • Indischer Ozean, Namibia – Namibische Wüste.

110-111 • Pazifik, British Columbia (Kanada) – Clayoquot Sound.

112-113 • Pazifik, Kalifornien (USA) – Point Lobos State Reserve.

“ORANGE, GOLD UND GRÜN SCHILLERT DER OZEAN ... UNTERIRDISCHE FEUER LASSEN DAS WASSER LEUCHTEN. DIE STILLE UMRAHMT DIESE ZAUBERVISION, EINE STILLE ... DIE DEN MENSCHEN EINE VORSTELLUNG VON TAUBHEIT VERMITTELT, DIESES WUNDERVOLLE SZENARIO RAUBT EINEM DIE SINNE.”

aus DER BRENNENDE STRAND
von Wilbur Smith

Pazifik, Kalifornien (USA) – Big Sur.

116-117 • Pazifik, Baja California (Mexiko) – Cabo San Lucas.

118-119 • Pazifik, Hawaii – Na Pali.

Die Inseln des Regenbogens

Pazifik, Marquesas-Inseln (Französisch Polynesien) – Jungfernbucht auf Fatu Hiva.

122 und 123 • Pazifik, Marquesas-Inseln (Französisch Polynesien) – Fatu Hiva.

124-125 • Pazifik, Tuamotuinseln (Französisch Polynesien) – Tikehau.

Kristallklare Gewässer

Pazifik, Tuamotuinseln (Französisch Polynesien) – Rangiroa.

128 und 129 • Pazifik, Peron National Park (Australien) – Big Lagoon in Shark Bay.

130-131 • Pazifik, Kimberley (Australien) – Gantheaume Point in der Nähe von Broome.

132-133 ◦ Pazifik, Victoria (Australien) – Zwölf Apostel.

134-135 ◦ Pazifik, Great Barrier Reef (Australien) – Korallenriff zwischen Cairns und Townsville.

136-137 ◦ Indischer Ozean, Malediven – Atolle.

138-139 ◦ Indischer Ozean, Thailand – Phuket.

140-141 ◦ Indischer Ozean, Southern Karroo (Südafrika) – Pletterberg Bay.

142-143 ◦ Indischer Ozean, Tansania – Küste südlich von Daressalam.

Rotes Meer, Sinaihalbinsel (Ägypten) – Küste nahe Taba.

Rotes Meer, Sinaihalbinsel (Ägypten) – Küste nahe Scharm-el-Scheich.

148 und 149 ◦ Rotes Meer, Sinaihalbinsel (Ägypten) – Ras Mohammed.

150-151 ◦ Rotes Meer (Ägypten) – Tiran.

PERLEN im BLAU

GIANNI GUADALUPI

• Pazifik, Queensland (Australien) – Capricorn Group.

EINLEITUNG Perlen im Blau

IM RIESIGEN MEER, IN DER LEBENDIGEN WEITE, DIE IM ALTERTUM ALS URSPRUNG ALLEN LEBENS, ALS SCHÖPFER DER WELT GALT, FAND DIE GEOGRAFIE DER VERGANGENHEIT NEBEN DER BANALEN WIRKLICHKEIT AUCH WUNDERBARE, EINLADENDE DINGE. UNERREICHBARE INSELKRONEN UMGABEN DAS AUFGETAUCHTE LAND; INSELFANTASIEN FÜHRTEN ZUR ENTSTEHUNG VON MIKROSOMIEN, UND DIE ABGELEGENHEIT VERHINDERTE DEREN ENTZAUBERUNG. DESHALB KONNTE, JA MUSSTE ES DIE „INSELN DER SELIGEN“, DIE „INSELN DER GLÜCKLICHEN“ UND DIE „HESPERIDEN“-INSELN GEBEN, VERGÄNGLICHES LAND, EINGEBETTET IN EWIGE GLÜCKSELIGKEIT, GESTÜTZT VON VERGOLDETEN BRONZEPFEILERN AUF DEM MEERESGRUND, VERBORGEN HINTERM HORIZONT, WAR-

EINLEITUNG Perlen im Blau

TETEN SIE AUF DIE LANDUNG VERIRRTER BOOTE, DIE NUR EIN ÜBERRASCHENDER STURM DORT ANSPÜLEN KONNTE. SIE WARTETEN UNBERÜHRT VON WECHSELNDEM GLAUBEN AUF BESUCHER. UND SIE KAMEN: DIE GRIECHISCHEN ANHÄNGER DES NEPTUN, DIE PHÖNIZISCHEN ANBETER DER ASTARTE UND DIE RITTER DER ARTUSRUNDE AUF DER SUCHE NACH IHREM VERSCHOLLENEN KÖNIG. ES KAMEN IRISCHE MÖNCHE INS „IRDISCHE PARADIES“, UND WIKINGER, DIE NACH SONNIGEREN GEFILDEN ALS DEN IHREN SUCHTEN. DANN, ALS ES ZU VIELE SEELEUTE WURDEN UND DAS GLEICHGEWICHT DER TRAUMINSELN IHREN ANSTURM NICHT MEHR VERKRAFTEN KONNTE, VERSANKEN DIE INSELN. SIE VERSCHWANDEN VON DEN SEEKARTEN UND VERBARGEN SICH IN VON TRAUMTÄNZERN GE-

Perlen im Blau

Einleitung

SCHRIEBENEN BÜCHERN. VON HIER AUS NÄHRTEN SIE FORTAN DIE FANTASIEN. IHRE URSPRÜNGLICHE GLÜCKSELIGKEIT WICH UND MACHTE DEM ABENTEUER PLATZ – SCHIFFBRÜCHIGEN WIE ROBINSON CRUSOE, PIRATEN, DIE DORT IHRE SCHÄTZE VERGRUBEN, ODER VERRÜCKTEN WISSENSCHAFTLERN WIE DOKTOR MOREAU, ODER AUCH ZWERGEN ODER RIESEN WIE LILLIPUT ODER BROBDIGNAG. DES JAHRTAUSENDELANGEN FABULIERENS MÜDE, KEHRTEN DIE INSELN IN DIE WIRKLICHKEIT ZURÜCK, ENTFALTETEN IHREN BESONDEREN ZAUBER UND SORGEN HEUTE DAFÜR, DASS AUF DEN LANDEPISTEN ZWISCHEN PALMEN DIE CHARTERMASCHINEN DER URLAUBER LANDEN.

157 • Ionisches Meer, Ionische Inseln (Griechenland) – Insel nahe Ithaka.

158-159 • Pazifik, Französisch Polynesien – Bora Bora.

160-161 • Pazifik, Französisch Polynesien – Die Blaue Lagune von Rangiroa.

Die Juwelen des Pazifik

162-163 • Pazifik, Französisch Polynesien – Tetiaroa.

164-165 • Pazifik, Hawaii – Molokini.

166-167 • Pazifik, Mikronesien – Palau.

168-169 • Pazifik, Papua Neuguinea – Bismarck-Archipel.

170-171 • Indischer Ozean, Thailand – Phi Phi Leh.

172-173 • Pazifik, Kurilen (Russland) – Paramushir.

174-175 • Indischer Ozean, Malediven – Atolle.

176-177 • Rotes Meer, Meerenge von Gobal (Ägypten) – Koralleninseln bei Ras Gemsa.

“ALLEIN, ALLEIN, GANZ, GANZ ALLEIN. ICH ALLEIN AUF EINEM RIESIGEN MEER!”

aus LYRICAL BALLADS
von Samuel Taylor Coleridge

Rotes Meer, Ägypten – Nordspitze der Insel Tiran.

Das Paradies der Familie Onassis

180-181 • Ägäis, Epirus (Griechenland) – Skorpios.

182-183 • Tyrrhenisches Meer, Kampanien (Italien) – Capri.

184-185 • Tyrrhenisches Meer, Äolische Inseln (Italien) – Stromboli.

186-187 • Mittelmeer, Sardinien (Italien) – Mortorio.

“DIE SONNE BRACH DURCH DIE WOLKEN UND STRAHLTE SIE VON UNTEN AN ... DIE FARBE DES MEERES ÄNDERTE SICH DURCH DIESE NEUEN REFLEXE; DAS VIOLETT WURDE INTENSIVER, DAS DIE INSEL UND DEN SAND UMGEBENDE GRÜN WANDELTE SICH IN EIN RUHIGES, SEHR ZARTES SMARAGDGRÜN ...”

Gianni Roghi, 1953

188 • Mittelmeer, Korsika (Frankreich) – Lavezzi.

189 • Mittelmeer, Lerins-Inseln (Frankreich) – Ile du Levant.

190-191 • Atlantik, Charente-Marittime (Frankreich) – Ile de Rè.

192-193 Atlantik, Cork (Irland) – Inseln in der Dumanus Bay.

193 Atlantik, Donegal (Irland) – Killybergs.

194-195 Pazifik, Vancouver (Kanada) – Inseln vor Tofino.

196-197 • Atlantik, Penobscot Bay, Maine (USA) – Pumpkin Island.

198-199 • Karibik, Guadeloupe – Pointe des Chateaux.

In der Bucht der Engel

Pazifik, Kalifornien (USA) – Anacapa Island.

An den Grenzen der Arktis

202-203 • Atlantik, Quebec (Kanada) – Le Rocher Percé.

204-205 • Atlantik, Neufundland (Kanada) – Great Sacred Island.

DIE EISMEERE

COLIN MONTEATH

Weddellmeer, Antarktis – An Bord des Eisbrechers *Grigoryi Mikheev* im Packeis von Ronne.

EINLEITUNG Die Eismeere

AUF DEM WEISSEN PLANETEN PFEIFT DER WIND MIT 200 STUNDENKILOMETERN UND DIE TEMPERATUREN SINKEN AUF 50 GRAD UNTER NULL. IN DER ANTARKTIS SCHEINEN DIE WELLENBRECHER DES GEFÄHRLICHSTEN MEERES DER ERDE WIE PEITSCHEN. HIER, AM SECHZIGSTEN BREITENGRAD, SETZT DIE NATUR DEN MENSCHLICHEN AKTIVITÄTEN GRENZEN. ES IST „DAS ENDE DER WELT", WIE DER CHILENISCHE SCHRIFTSTELLER FRANCISCO COLOANE ALL DAS NENNT, WAS SÜDLICH VON KAP HORN LIEGT. MAN TRIFFT AUF EINE UNWIRTLICHE EISWÜSTE, WO SELBST DIE SONNENSTRAHLEN WIE EISIGE KLINGEN DIE HAUT DURCHDRINGEN. DIE ANTARKTIS LEBT IM JAHRESZEITENRHYTHMUS. WÄHREND DER LANGEN WINTERNÄCHTE REICHT IHR KALTER HAUCH

BIS ZUM OZEAN UND LÄSST IHN UNTER DREI METER DICKEM EIS ERSTARREN. VIER MONATE LANG HERRSCHT ABSOLUTE FINSTERNIS, DURCH WELCHE DER EISIGE WIND OHNE UNTERLASS PEITSCHT. WÄHREND DES KURZEN SOMMERS, VON NOVEMBER BIS FEBRUAR, KANN DIE EISSCHICHT, DIE DAS MEER BEDECKT, ZUMINDEST SO WEIT BRÖCKELN UND ZURÜCKGEHEN, DASS VERSORGUNGSSCHIFFE MIT ENTSPRECHENDEN EISBRECHERN SICH IM ZICKZACKKURS ZWISCHEN DEN RIESIGEN EISBERGEN DEM LAND NÄHERN KÖNNEN. IN DIESEN 15 WOCHEN WIRD ES PRAKTISCH NIE NACHT. TAG FOLGT AUF TAG, EIN SCHÜCHTERNER SONNENUNTERGANG WIRD SOFORT VON DER MILCHIGEN MORGENDÄMMERUNG WIEDER VERTRIEBEN. DIE ANTARKTIS

Die Eismeere

Einleitung

IST DIE LUNGE, DIE DEN GANZEN PLANETEN MIT LEBENDIGEM ATEM VERSORGT. DER SAUERSTOFF AUS IHREN KALTEN GEWÄSSERN NÄHRT EINE BIOLOGISCHE KETTE, AN DEREN ENDE DIE GIGANTEN DER OZEANE STEHEN. IN DIESER VON LEBEN WIMMELNDEN REGION IST DAS MEER MANCHMAL BLEIGRAU, ALS WOLLE ES ORKANE ERZEUGEN, MANCHMAL IST ES SO SILBERN, DASS ES SICH AM HORIZONT VERLIERT. NUR DER SCHAUM UND DAS SPIEGELNDE SONNENLICHT DER HELLEN TAGE MILDERN DAS BILD, DAS DEN SEELEUTEN DAS GLEICHE UNWOHLSEIN BEREITET, DAS DIE ANTIKEN SEEFAHRER BEIM PASSIEREN DER HERAKLESSÄULEN EMPFUNDEN HABEN MÜSSEN.

Arktischer Ozean, Grönland (Dänemark) – Eisbär.

Weddellmeer, Antarktis – Packeis.

"DIE PINGUINE ERKLOMMEN IN EINER REIHE LANGSAM UND UNSICHEREN SCHRITTES DEN GIPFEL. SIEHT MAN SIE SO AUF- UND ABSTEIGEN, IN IHRER KOMISCHEN, MENSCHLICHEN ART, SCHEINEN SIE WIE KINDER IM FRACK MIT WEISSER FRACKBRUST, DIE SICH EINEM GROTESKEN ERNST HINGEBEN, UM EIN VERGNÜGLICHES SPIEL ZU SPIELEN."

aus DIE BEZWINGER DER ANTARKTIS
von Francisco Coloane

214-215 • Bucht von Atka, Antarktis – Eine Kolonie Kaiserpinguine.

216-217 • Arktischer Ozean, Kanada – Grönlandrobben im Lawrence-Golf.

Am Ende der Welt

218-219 • Arktischer Ozean, Kanada – Baffin-Bucht.

220-221 • Indischer Ozean, Antarktis – Im Eis eingeschlossene Luftblasen in der Nähe von Mawson.

222-223 • Rossmeer, Antarktis – Ein Eisberg.

224-225 • Atlantik, Patagonien (Argentinien) – Das Segelschiff *Shenandaloah* und der Garibaldi-Gletscher.

СОВЕТСКИ

226-227 Sibirische See, Russland – Der Eisbrecher *Sovietsky Soyuz* auf dem Weg zum Nordpol.

228-229 Weddellmeer, Antarktis – Paradise Bay an der antarktischen Halbinsel.

Rossmeer, Antarktis –
Eine Kolonie Adeliapinguine
in Edmonson Point.

232 • Rossmeer, Antarktis – Kaiserpinguine in Cape Washington.

233 • Südatlantik, Antarktis – Weddellrobben.

DAS LEBEN HAT ÜBERALL DIE GLEICHEN REGELN: DIE JÄGER JAGEN, DIE BEUTE VERSUCHT IHREM SCHICKSAL ZU ENTGEHEN. IN DER ANTARKTIS HAT DER GEFÄHRLICHSTE JÄGER DAS WENIG ERSCHRECKENDE MAUL EINES EISBÄREN, EIN GIGANTISCHES WOLLKNÄUEL, DAS EINE ROBBE IN WENIGEN MINUTEN VERSCHLINGEN KANN.

234 und 235 • Arktischer Ozean, Grönland (Dänemark) – Eisbären vor Thule.

236-237 • Arktischer Ozean, Kanada – Ein Einhornwal in den Fjorden der Northwest Territories.

238-239 • Weddellmeer, Antarktis – Eine Familie Kaiserpinguine.

und

LANDSCHAFTEN

GAETANO CAFIERO

Mittelmeer, Ligurien (Italien) – Camogli.

EINLEITUNG Dörfer und Landschaften

DER WIND FLÜSTERT IN DEN ENGEN, ANSTEIGENDEN GASSEN UND TRÄGT SALZIGE BÖEN HERÜBER, DEREN SALZIGE FEUCHTE AUF DER HAUT HAFTET. DIE FENSTERLÄDEN KLAPPERN IM RHYTHMUS DER WELLEN, DIE AM ENDE DES DORFES SCHÄUMEND AN DEN STRAND SCHLAGEN. DAS ERSTE TAGESLICHT TAUCHT DAS MEER IN GOLD UND DIE HAUSWÄNDE IN WARME FARBEN. EINIGE AM STRAND UMGEDREHT LIEGENDE BOOTE, DIE EINST VIELLEICHT ROT, BLAU ODER WEISS LACKIERT WAREN, WARTEN GEDULDIG IN HAFENNÄHE DARAUF, WIEDER NEU LACKIERT UND BENUTZT ZU WERDEN. IN DER FERNE ERKENNT MAN WEITERE SCHIFFE, KLEINE MOTORBOOTE, DICKBÄUCHIGE RUDERBOOTE; GROSSE NETZE, AN WELCHEN EIN SCHWARM HUNGRIGER MÖWEN ZERRT, TREI-

EINLEITUNG Dörfer und Landschaften

BEN TRÄGE DAHIN. DIES SIND POSTKARTEN AUS EINEM FISCHERDORF AM MITTELMEER, ABER ES KÖNNTEN AUCH MOMENTAUFNAHMEN EINES X-BELIEBIGEN SKANDINAVISCHEN DORFES SEIN, WIE MAN ES IN DEN HUNDERTE KILOMETER TIEFEN FJORDEN ENTDECKEN KANN, ODER VON EINEM NORDAMERIKANISCHEN HAFEN, WO JEDEN TAG DUTZENDE FISCHKUTTER HINAUSFAHREN, UM DIE SCHWERTFISCHSCHWÄRME ZU SUCHEN. DAS MEER VERBINDET DIE GESCHICHTEN TAUSENDER MENSCHEN, DIE BESCHLOSSEN HABEN, MIT DEN BEINEN AUF DEM FESTLAND ZU LEBEN UND DEN BLICK AUF DEN HORIZONT ZU RICHTEN. ÜBERALL, OB VOM FEUCHTEN, REGNERISCHEN OZEAN DURCHGEPEITSCHT ODER VON DEN MILDEN, TROPISCHEN STRÖMUNGEN LIEBKOST, LEISTETEN

Dörfer und Landschaften

Einleitung

DIE MENSCHEN SICH UND DEM MEER EINEN SCHWUR: NIE NACHGEBEN, TAG FÜR TAG DIESES BAND DES LEBENS, DAS – AUCH DURCH DRAMATISCHE EREIGNISSE – BISWEILEN ZERRISSEN WIRD, WIEDER NEU KNÜPFEN. DESHALB JÄTEN SIE DAS UNKRAUT, TÜNCHEN IHRE HÄUSER, KRATZEN DAS MEERSALZ VON DEN FENSTERN, ERNEUERN DAS WIRTSHAUSSCHILD UND VERBINDEN DIE WUNDEN, DIE DAS MEER AUF DER HAUT UND DEN SCHIFFSRÜMPFEN HINTERLÄSST. DAS IST DAS WESEN JEDES AM MEER LIEGENDEN DORFES: HINTER DEM DUFT MEDITERRANER ESSENZEN, JENSEITS DER FISCHERHÜTTEN, SCHLÄGT DAS HERZ DER MENSCHEN, IN DEREN ADERN SALZWASSER FLIESST.

Ägäis, Kykladen (Griechenland) – Mykonos.

Mittelmeer,
Ligurien (Italien) –
San Rocco.

248 und 249 ▪ Mittelmeer, Ligurien (Italien) – Camogli.

250-251 ▪ Mittelmeer, Ligurien (Italien) – Portovenere.

252 • Mittelmeer, Ligurien (Italien) – Riomaggiore.

252-253 • Mittelmeer, Ligurien (Italien) – Manarola.

Giovanni

Adriatisches Meer, Lagune von Venedig (Italien) – Burano.

Die Juwelen von Amalfi

Tyrrhenisches Meer, Golf von Salerno, Kampanien (Italien) – Ravello.

258-259 ■ Tyrrhenisches Meer, Golf von Salerno, Kampanien (Italien) – Amalfiküste.

260-261 ■ Tyrrhenisches Meer, Golf von Neapel, Kampanien (Italien) – Ischia.

262-263 ■ Tyrrhenisches Meer, Golf von Neapel, Kampanien (Italien) – Insel Procida, La Corricella.

Nur ein Schritt bis Afrika

Mittelmeer, Pelagische Inseln, Sizilien (Italien) – Linosa.

"DIE WENIGEN HÄUSER, DIE SICH HIER AN DAS HOCHPLATEAU SEHR NAHE AM MEER SCHMIEGEN, HATTEN KEINE SICHT INS LANDESINNERE. SIE LIEGEN IM HALBKREIS AUF DER ANDEREN SEITE DER SANDIGEN BUCHT. HIER HERRSCHTE FRIEDEN, EIN TIEFER FRIEDEN, DER VOM ENDLOSEN SCHAUSPIEL DES MEERES ÜBERWÄLTIGT WAR."

aus DER ALTE GOTT *von Luigi Pirandello*

266 Ägäis, Kykladen (Griechenland) – Mykonos.

267 Ägäis, Dodekanes (Griechenland) – Die Insel Astipalea, die Dörfer Skala und Chara.

Weiß und Blau

Ägäis, Kykladen (Griechenland) – Santorin.

F 4139

Mittelmeer, Korsika (Frankreich) – Bonifacio.

272-273 ▪ Mittelmeer, Korsika (Frankreich) – Saint Florent.

273 ▪ Mittelmeer, Korsika (Frankreich) – Calvi.

274-275 ▪ Mittelmeer, Côte d`Azur (Frankreich) – Saint Tropez.

"ICH SAGTE, ALLE STRASSEN ENDEN AM MEER, DORT WO ES HÄFEN GIBT. VON DORT FÄHRT MAN ZU DEN INSELN, WO DIE STRASSEN DANN WIEDER WEITERFÜHREN."

aus FERIEN IM AUGUST
von Cesare Pavese

276 Mittelmeer, Côte Vermeille (Frankreich) – Collioure.

277 Atlantik, Ile de Rè (Frankreich) – Saint-Martin-de Rè.

278-279 Atlantik, Côte d'Armor, Bretagne (Frankreich) – Paimpol.

280-281 Mittelmeer, Costa Brava (Spanien) – Cadaques.

282-283 • Atlantik, Algarve (Portugal) – Ferragudo.

284-285 • Atlantik, Cornwall (England) – Polperro.

ILDA
MARIA

LUCY BROWN

286 • Atlantik, Lofoten (Norwegen) – Svolvaer.

286-287 und 288-289 • Atlantik, Lofoten (Norwegen) – Meskenes.

290-291 • Atlantik, Davisstraße (Grönland) – Ilulissat-Jacobshavn.

292-293 • Atlantik, Maine (USA) – York.

Meere des Südens

Pazifik, Marquesas-Inseln (Französisch Polynesien) – Das Dorf Omoa auf Fatu Hiva.

Pazifik, Pantugaran Islands (Philippinen) – Ein Dorf auf der Insel Panducan.

298 und 299 • Indischer Ozean, Phuket-Plang Nga Mining (Thailand) – Fischerdorf in der Bucht von Ao.

300-301 • Südchinesisches Meer, Sabah (Malaysia) – Ein Dorf auf Sipadan.

MENSCHEN und BERUFE

GAETANO CAFIERO

• Indischer Ozean, Kerala (Indien) – Fischer in Kovalam.

EINLEITUNG Menschen und Berufe

SIE KÖNNEN ÜBERALL WOHNEN, IN EINER METROPOLE ODER IN EINEM DORF, WENN DIESE ORTE NUR AM RAUSCHENDEN OZEAN ODER AN EINER MEERENGE LIEGEN. DIE MENSCHEN DES MEERES LIEBEN DIE TRADITIONEN IHRER HEIMAT, ABER SIE TEILEN IHRE TRÄUME, WUNDEN UND HERAUSFORDERUNGEN MIT DEN ÜBRIGEN MEERESANRAINERN. UM DEN BEDROHLICHEN OZEAN ZU BEZWINGEN, BEDARF ES DES HELDENMUTS UND DER OPFERBEREITSCHAFT, DENN DAS MEER SCHENKT ZWAR WERTVOLLE GABEN, ABER ES KANN AUCH GRAUSAM SEIN… BEI SONNENUNTERGANG MACHEN DIE FISCHER IHRE BOOTE KLAR. NATÜRLICH HABEN SIE DIE HOFFNUNG AUF EINEN GUTEN FANG , ABER LANGE, SCHLAFLOSE STUNDEN STEHEN IHNEN BEVOR. ES IST

EINLEITUNG Menschen und Berufe

SCHON NACHT, WENN SIE AUSLAUFEN. DIE NACHT IST FAST STERNENLOS, DOCH DER GEDANKE AN DIE RÜCKKEHR, AN DIE WÄRMENDE SONNE UND DIE ROUTINE MÄSSIGEN HANDGRIFFE BEGLEITEN SIE. DER WAFFENLOSE HELD, DER FISCHER, WIEDERHOLT HEUTE AUF TECHNOLOGISCH AUSGERÜSTETEN SCHIFFEN DIE GLEICHEN RITEN WIE EHEDEM: GESTEN, FLÜCHE, BESCHWÖRUNGEN, DIE HELFEN SOLLEN, DEN SCHRECKEN DER GROSSEN WELLE ZU ÜBERWINDEN, DIE KOMMT, ZERSTÖRT UND VERSCHWINDET. ABER MEHR NOCH FÜRCHTET MAN DAS LEERE NETZ, DIE ARMUT UND DEN HUNGER. JEDES FISCHERDORF GRÜNDET SEINE EXISTENZ AUF DEN FISCHFANG. ANDERE BERUFE KAMEN UND GINGEN, WEGBEGLEITER VERSCHWANDEN. DIE INDUSTRIELLE REVOLU-

Menschen und Berufe

Einleitung

TION VERDRÄNGTE DEN ZIMMERMANN, DEN BOOTSBAUER UND DEN HANDWERKER, DER MIT WERG UND PECH DIE BOOTE DICHTETE. DIE FOTOGRAFIE TRAT AN DIE STELLE DES MALERS, DER JAHRHUNDERTELANG IM DIENST DER KAPITÄNE UND IHRER SCHIFFE STAND. NEUE MATERIALIEN BEDEUTETEN DAS AUS FÜR DIE SEGELTUCHBETRIEBE, UND DIE GALEONSFIGURENSCHNITZER, FRÜHER EIN BLÜHENDER BERUFSSTAND, VERSCHWANDEN ZUSAMMEN MIT DEN FAHNENSTICKERN. HEUTE FINDET MAN DIE ALTEN BERUFSBEZEICHNUNGEN NUR NOCH IN FORM VON STRASSENNAMEN IN KÜSTENSTÄDTEN UND IN DER VERBLASSENDEN ERINNERUNG DER MENSCHEN DES MEERES.

Atlantik – Ein Seemann bei der Arbeit auf der *Amerigo Vespucci.*

Atlantik – Seeleute auf der *Amerigo Vespucci.*

Tyrrhenisches Meer, Kampanien (Italien) – Fischkutter vor Procida.

„DAS SEGEL WAR MIT MEHLSÄCKEN GEFLICKT, UND ZUSAMMENGEROLLT SAH ES WIE DIE FAHNE DER ENDGÜLTIGEN NIEDERLAGE AUS. DER ALTE MANN WAR DÜNN UND HAGER… SEINE HÄNDE ZEIGTEN DIE TIEF EINGEKERBTEN SPUREN VOM HANDHABEN SCHWERER FISCHE AN DEN LEINEN. ABER KEINE DIESER NARBEN WAR FRISCH. SIE WAREN SO ALT, WIE EROSIONEN IN EINER FISCHLOSEN WÜSTE.“

aus DER ALTE MANN UND DAS MEER
von Ernest Hemingway

312 und 313 • Tyrrhenisches Meer, Sardinien (Italien) – An Bord eines Fischkutters vor der Insel Maddalena.

314-315 • Mittelmeer, Ligurien (Italien) – Fischer der Tunfischfabrik von Camogli.

Fischer und Reusen

316 Mittelmeer, Sardinien (Italien) – Flicken eines Netzes.

317 von links nach rechts, von oben nach unten:

- Tyrrhenisches Meer, Kampanien (Italien) – Herstellung einer Reuse.
- Tyrrhenisches Meer, Kalabrien (Italien) – Kleine Werft in Vibo Marina.
- Tyrrhenisches Meer, Procida (Italien) – Herstellung einer Reuse.
- Mittelmeer, Sizilien (Italien) – Schwammfischer auf Lampedusa.
- Mittelmeer, Sizilien (Italien) – Flicken eines Netzes.
- Mittelmeer, Kalabrien (Italien) – Reparatur einer Reuse.

318-319 und 320-321
Mittelmeer, Sizilien
(Italien) – Tunfischfabrik
in S. Cusumano.

Auf hoher See

322-323 ▪ Pazifik, Golf von Alaska (USA) – An Bord des Fischkutters *Miss Amy*.

324-325 ▪ Atlantik, Golf der Gascogne (Frankreich) – An Bord des Fischkutters *Koros* vor La Rochelle.

326-327 ▫ Atlantik, Golf der Gascogne (Frankreich) – Auf Tunfischfang mit den Fischkuttern *Marie Catherine* und *Bugaled Breizh*.

328-329 ▫ Atlantik, Golf der Gascogne (Frankreich) – Auf Schwertfischfang.

330-331 ▫ Pazifik, Golf von Alaska (USA) – Einholen der Netze.

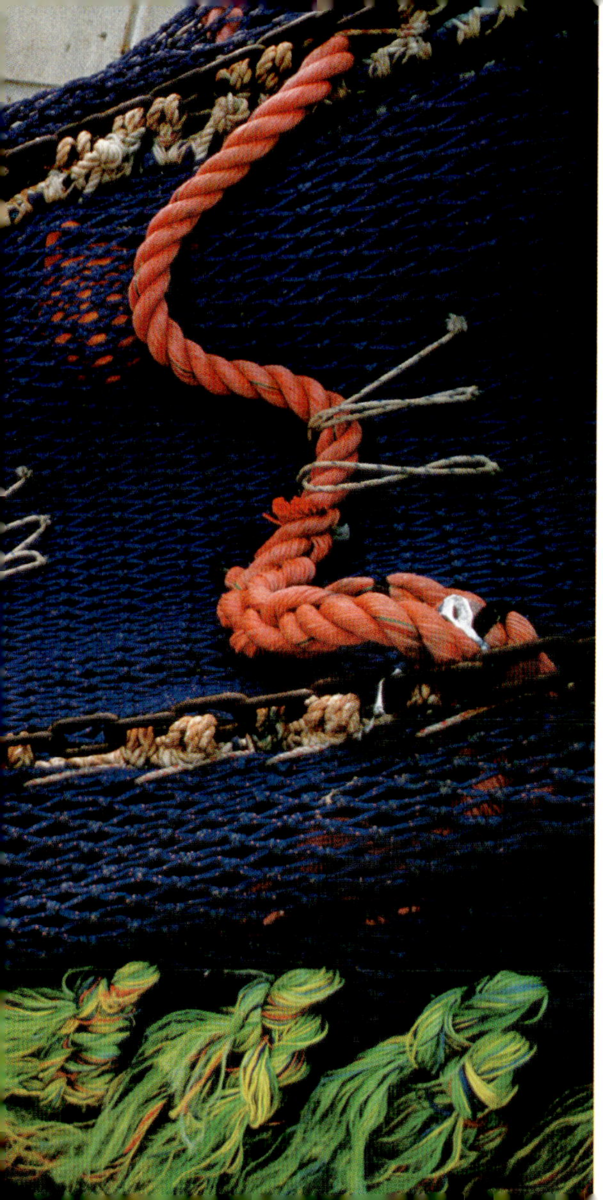

Pazifik, Golf von Alaska (USA) – Fischer beim Auslegen der Netze.

13

334-335 • Pazifik, Hafen von Ketchikan, Alaska (USA) – Säubern der Netze.

336-337 • Indischer Ozean, Sansibar (Tansania) – Algenernte.

„Um das Dorf herum, wo Palmen azurblauen Schatten spenden, verraten die Pfannen aus Kokosnuss-Schalen und eine dünne Rauchschwade, dass der Alltag wieder begann. Am Ufer kehrten Männer und Frauen, Jungen und Mädchen mit auffälligen Frisuren vom Baden zurück, rote, türkisfarbene und grüne Haare ...“

aus Südseegeschichten
von Robert Louis Stevenson

Indischer Ozean, Sansibar (Tansania) – Ernte und Trocknung der Algen.

Traditionelle Arbeiten

340-341 und 342-343 ●
Indischer Ozean,
Bagamoyo (Tansania) –
Abdichten und
Reparatur eines Einbaums.

Zum Horizont

344 und 345 ▪ Indischer Ozean, Sansibar (Tansania) – Fischer auf Dhow.

346-347 ▪ Atlantik, Badagry (Nigeria) – Schleppnetzfischerei am Ufer.

348-349 ▪ Pazifik, Bucht von Tokio (Japan) – Schleppnetzfischerei.

Pazifik, Kurilen (Japan) – Erntefischerei.

DIE MENSCHEN DES MEERES SCHÄUMEN NICHT LEICHT VOR FREUDE ÜBER. DAS MEER VERKÖRPERTE FÜR SIE SEIT JEHER TOD UND UNVERSTÄNDLICHE UNENDLICHKEIT, DIE MELANCHOLISCH MACHT. SIE SIND FISCHER, HOLZFÄLLER, LAND- UND MEERHÄNDLER, ZOLLBEAMTE, SCHIFFSEIGNER ...

aus MENSCHEN DES MEERES
von Giovanni Comisso

352 • Pazifik, Indonesien – Fischer beim Einholen der Netze.

353 • Pazifik, Tohoku (Japan) – Flicken der Netze.

354-355 • Südchinesisches Meer, Kaohsiung (Taiwan) – Entladen der Fischkutter.

356-357 • Pazifik, Indonesien – Krabbenfischer.

Nach Sonnenuntergang

358-359 • Pazifik, Indonesien – Seepferdchenfischer.

360-361 • Pazifik, Komodo (Indonesien) – Fischer.

Bei Vollmond

Indischer Ozean, Kerala (Indien) – Nächtlicher Fischzug.

Die WÄCHTER des MEERES

GIANNI GUADALUPI

Atlantik, Rhode Island (USA) – Sakonnet Point Light in Little Compton.

EINLEITUNG Die Wächter des Meeres

VIELLEICHT ENTSTAND DER LEUCHTTURM AUFGRUND DER VERZWEIFLUNG BESORGTER FRAUEN, AUS DER ANGST, DIE BEI SONNENUNTERGANG ALTE UND KINDER ERFASST, WENN SIE AM UFER AUF DIE RÜCKKEHR DER FLÖSSE WARTEN, DIE KÜHNE MÄNNER ZU WASSER GELASSEN HATTEN UND DIE VOM WIND, DER STRÖMUNG, DEN GEZEITEN ODER DER HAND EINES FEINDLICHEN GOTTES HINAUSGETRAGEN WURDEN. JEMAND SAGTE: LASST UNS EIN FEUER AUF DER HÖCHSTEN KLIPPE ANZÜNDEN, DAMIT SIE SEHEN, WOHIN SIE ZURÜCKKEHREN MÜSSEN. AUS DIESER IMPROVISATION WURDE DANN EINE STÄNDIGE EINRICHTUNG. DAS FEUER ERHIELT EINEN FESTEN PLATZ, AN DEM SEINE WIRKUNG MÖGLICHST GROSS WAR. MAN STELLTE EINEN WÄCHTER DES FEUERS AB, DER VIELLEICHT

EINLEITUNG Die Wächter des Meeres

– IN DEN ZEITEN, ALS DIE FLAMME NOCH DEN GÖTTERN GEHÖRTE – AUCH EINE ART HEILIGES, PRIESTERLICHES PRIVILEG BESASS. ALS DANN AN DEN MEERESGESTADEN STÄDTE UND HÄFEN ENTSTANDEN, ERBAUTE MAN DIE LEUCHTTÜRME. SIE WURDEN ZU HOHEN TÜRMEN, AUF DIE MAN MIT FLASCHENZÜGEN TÄGLICH TONNENWEISE HOLZ HINAUFHIEVTE. IHREN ITALIENISCHEN NAMEN „FARO“ VERDANKEN SIE DER INSEL PHAROS, DEREN LEUCHTTURM DIE SCHIFFE AUF IHREM WEG NACH ÄGYPTEN EMPFING. SIE ERHIELTEN ANTHROPOMORPHE FORMEN WIE DER KOLOSS VON RHODOS, UNTER DESSEN BEINEN DIE SCHIFFE HINDURCHFUHREN, ODER DIE FREIHEITSSTATUE, WELCHE DIE NACH NEW YORK KOMMENDEN SCHIFFE BEGRÜSST. ABER DER WAHRE LEUCHTTURM – DER UNSERER TRÄUME, DER

Die Wächter des Meeres

Einleitung

GESCHICHTEN UND LEGENDEN, DER FILME UND ROMANE – IST KEINE GLEISSENDE HAFENLAMPE, KEINE ÜBERGROSSE STRASSENLATERNE: ER IST EIN KLEINER, SCHLANKER TURM. ER STEHT EINSAM IN DER BRANDUNG ZERKLÜFTETER KÜSTEN, VERLOREN AM ENDE DER WELT, MITTEN IM MEER, NUR MIT DEM BOOT ERREICHBAR, UND NUR DIE MÖWEN BESUCHEN IHN. SEIN BEWOHNER IST EIN PENSIONIERTER SEEMANN. ER HAT GLÜCKLICHERWEISE EINEN KELLER, EINE BIBLIOTHEK, EIN RADIO, UND EINMAL WÖCHENTLICH KOMMT DIE POST. EIN MINARETT AN DEN KÜSTEN, WO NUR MENSCHEN LEBEN KÖNNEN, WELCHE DIE EINSAMKEIT LIEBEN UND DER ÜBRIGEN WELT ENTSAGEN.

Atlantik, Wexford (Irland) - Tuskar Rock.

Atlantik, Bretagne (Frankreich) – Phare des Pierres Noires in Finistere.

PIERRES

Allein im Sturm

Ostsee, Deutschland – Leuchtturm von Warnemünde.

Atlantik, La Rochelle (Frankreich) – Les Sables d'Olonne.

Lichter
im Nebel

Atlantik, Massachussetts (USA) – Chatham Lighthouse in Cape Cod.

378 und 379 ● Rotes Meer, Ägypten – El-Akhawein Island.

380-381 ● Pazifik, Oregon (USA) – Heceta Head in Florence.

Das der NATUR

GIOVANNI SOLDINI

Pazifik, Hawaii – Küste von Oahu.

EINLEITUNG Das Wüten der Natur

„MEINEN“ STURM ERLEBTE ICH VOR NEUSEELAND WÄHREND EINER EINHANDSEGLER-REGATTA UM DIE WELT. ICH HATTE IHN AUF DER WETTERKARTE GESEHEN, WUSSTE ABER NICHT GENAU, WANN ER KOMMEN UND WIE HEFTIG ER SEIN WÜRDE, ES GIBT EINEN GROSSEN UNTERSCHIED ZWISCHEN 50 UND 80 KNOTEN. ICH RICHTETE MICH AUFS SCHLIMMSTE EIN, SETZTE WENIG SEGEL UND SUCHTE IN DER KABINE SCHUTZ. DAS BOOT SCHOSS, VON RIESIGEN WELLEN GESCHÜTTELT, DAHIN. PLÖTZLICH WURDE DER WIND STÄRKER UND ICH MUSSTE AN DECK GEHEN UND DIE SEGEL EINHOLEN. UNTER DIESEN BEDINGUNGEN MUSS MAN SICH GUT SICHERN, DENN ES BRAUCHT NICHT VIEL, UM ÜBER BORD ZU GEHEN. GUT GESICHERT GING ICH AN DECK,

EINLEITUNG Das Wüten der Natur

HIELT MICH FEST, WO ICH KONNTE UND BEGANN ALLE SEGEL EINZUHOLEN. DAS MEER BRACH MIT HÖLLISCHEM GETÖSE ÜBER MEIN SCHIFF HEREIN. ICH GING IN DIE KABINE ZURÜCK, WO ES SEHR KALT WAR (ABER IMMER NOCH WÄRMER ALS DRAUSSEN). ES WAREN 36 SCHRECKLICHE STUNDEN, IM DUNKLEN SCHIFFSBAUCH ODER AM RUDER WIE IN EINER NUSS-SCHALE ANGEBUNDEN, DURCHGESCHÜTTELT VON EINER HÖHEREN MACHT, GEFANGEN IN WIDERSPRÜCHLICHEN EMOTIONEN. EINERSEITS WAR DA DIE ANSPANNUNG, VIELLEICHT ANGST, VOR DER WELLENMAUER, DEM DRÖHNENDEN WIND, DEN DROHENDEN PECHSCHWARZEN WOLKEN. ANDERERSEITS WAR DA DIE GEWOHNHEIT, DIE ALLTÄGLICHEN HANDGRIFFE UND DIE ERZWUNGENE RUHE, DIE

Das Wüten der Natur

Einleitung

SELBSTKONTROLLE, DIE AUS ERFAHRUNGEN UND AUS DER SICHERHEIT ERWUCHS, SICH NUR AUF SEINE EIGENEN KRÄFTE ZU VERLASSEN. ALS ICH BEISPIELSWEISE AN DECK GING, UM DIE SEGEL EINZUHOLEN, KONZENTRIERTE ICH MICH DARAUF, IMMER NUR EINE SACHE ZU TUN UND DABEI AN DIE NÄCHSTE ZU DENKEN. EIN KLEINER FEHLER KONNTE DAS ENDE DES BOOTES UND SEINES FÜHRERS BEDEUTEN.

AUF DEM MEER LERNT MAN – WIE IM LEBEN – NIE AUS. ES ZÄHLEN NUR DIE GEMACHTEN ERFAHRUNGEN, DIE ZU NEUEN KENNTNISSEN UND LÖSUNGEN FÜHREN. DER STURM IST DIE SCHWIERIGSTE PRÜFUNG, UND MAN KANN SIE NICHT WIEDERHOLEN.

• Mittelmeer, Ligurien (Italien) – Sturm in Camogli.

Pazifik, Französisch Polynesien – Unwetter an der Küste von Rangiroa.

Der Zorn des Meeres jenseits der Klippen

390-391 • Pazifik, Hawaii – Nordküste von Maui.

392-393 • Mittelmeer, Ligurien (Italien) – Sturmflut am Riff.

Mittelmeer, Frankreich
– Sturm an der Küste
von Le Havre.

"Von schweflichtem Gekrach, sie stürmten, schiens, auf den gewaltigen Neptun und machten erbeben seine kühnen Wogen, ja, den furchtbarn Dreizack wanken."

aus DER STURM
von William Shakespeare

396-397 • Mittelmeer, Ligurien (Italien) – Sturm in Vernazza.

398-399 • Atlantik, Feuerland (Argentinien) - Sturm am Kap Horn

Nordsee,
Norwegen
– Bohrinsel.

Auf den Wellen

402-403 ▪ Irische See – An Bord eines Fischkutters.

404-405 ▪ Ostsee, Schweden – Fähre auf dem Øresund.

406-407 ▪ Atlantik, Bretagne (Frankreich) – Auf der Brücke des Schleppers *Abeille Flandre*.

408-409 ▪ Ärmelkanal, Frankreich – Unwetter.

Auf den FLÜGELN des WINDES

CARLO MARINCOVICH

Karibik – Antigua Classic Week: die *Velsheda.*

EINLEITUNG Auf den Flügeln des Windes

SCHON ALS KIND FLOG ICH MIT DEM WIND. ER TRUG MICH AUF EIN RIESIG ERSCHEINENDES SEGELBOOT MIT MAJESTÄTISCHEM WEISSEM RAND. ERST SPÄTER, ALS ERWACHSENER, ERFUHR ICH, DASS ES NUR FÜNF METER LANG WAR.

DAS ERSTE MAL ALLEIN AUF EINEM DEM WIND UND DEN WELLEN AUSGESETZTEN SCHIFF ZU SEIN, IST EIN ERLEBNIS, DAS EINEM GÄNSEHAUT VERURSACHT. MEIN BOOT LAG AM STRAND, DER SEEMANN HISSTE DAS SEGEL UND SAGTE: „ICH ZEIGE DIR, WIE ES GEHT." GESPANNT SASS ICH IM BOOT UND HATTE EINE HAND AM RUDER.

DER SEEMANN SAGTE: „ICH SCHIEBE JETZT DAS BOOT HINAUS. DU HÄLTST DAS RUDER FEST."

EINLEITUNG Auf den Flügeln des Windes

ICH FÜHLTE MICH WIE DER BERÜHMTE CAPTAIN HORNBLOWER UND WAR GLÜCKLICH. DER SEEMANN KAM NICHT MIT, NUR DER WIND SCHRIE: „STRAFFE DAS SEGEL!“

GLÜCKLICHERWEISE HATTE ICH DIES SCHON GEHÖRT UND WUSSTE, DASS ICH FEST ANZIEHEN MUSSTE, UM DAS SEGEL IN DEN WIND ZU BRINGEN. ICH ZOG – UND DAS BOOT SCHOSS AUFS MEER HINAUS.

ES WAR SÜDWIND, DIE WELLEN BRAUSTEN, DAS WASSER WAR GRÜNLICH UND SANDIG UND ERSCHRECKTE MICH. ICH DREHTE MICH UM UND SAH DEN FERNEN STRAND UND DEN SEEMANN, DER ETWAS SCHRIE. ICH SCHAFFTE ES: ICH SPANNTE, LUVTE, DREHTE AB UND TAT ALLES, UM WIEDER AN LAND ZU KOMMEN.

Auf den Flügeln des Windes

Einleitung

DAS WAR MEIN ERSTES SEEABENTEUER: ICH TRAF AUF KLEINE WELLEN, DIE MIR WIE RIESIGE BRECHER ERSCHIENEN. ICH FÜHLTE MICH SCHRECKLICH ALLEIN IN DEM UNAUFHALTSAMEN, MÄCHTIGEN MEER.

SPÄTER, ALS DIE ANGST DER SELBSTBEHERRSCHUNG GEWICHEN WAR, FÜHLTE ICH MICH BERAUSCHT. ICH WAR IN DER LAGE, DIESES SCHEUENDE PFERD, AUF DAS ICH UNVERSEHENS GERATEN WAR, ZU ZÄHMEN!

IN DIESEN JAHREN BEGANN MEINE LIEBE ZUR SEEFAHRT, AUS DIESER ZEIT BLIEB MIR AUCH MEIN SPIELTRIEB ERHALTEN, DER MICH IMMER WIEDER PACKT, WENN ICH AUFS MEER HINAUSFAHRE.

Atlantik, Südafrika – Around Alone: Die *Fila*, und am Bug Giovanni Soldini.

49
TELECOM

WEISSE SEGEL, WIE EIN SCHWARM MÖWEN AM HIMMEL, WIE SCHNEEFLOCKEN, WIE SAMEN IM WIND.

416-417 ● Mittelmeer, Barcelona (Spanien) – Abfahrt zur Triest-Regatta.

418-419 ● Karibik – Antigua Classic Week: die *Velsheda.*

Karibik – Antigua Classic Week: die *Velsheda*.

422 ● Atlantik, Cowes (England) – An Bord der *Cambria*: Gespannte Taue beim America`s Cup Jubilee.

422-423 ● Atlantik, Brest (Frankreich) – Die Takelage der *Pesa*.

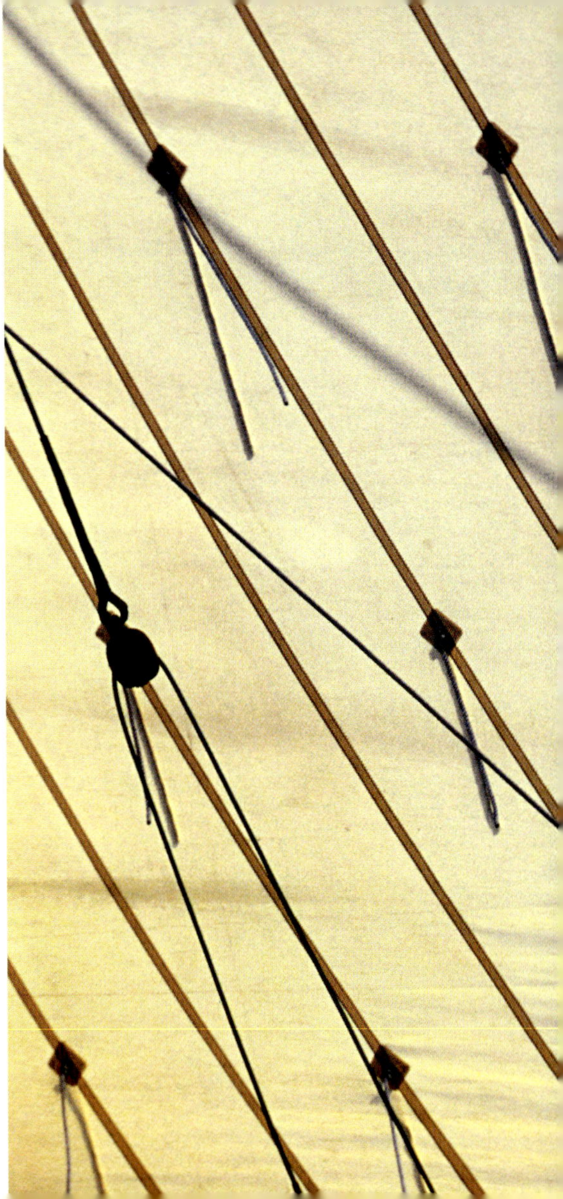

424-425 Mittelmeer, St. Tropez (Frankreich) – Les voiles de Saint-Tropez (Nioulargue): die *Altair*.

426-427 Atlantik, Brest (Frankreich) – Die *Pesa*.

DER SÜDWESTWIND DRÖHNT, PFEIFT UND ZERRT AN DEN EINGEHOLTEN SEGELN. REGENSCHAUER TROMMELN WIE EIN MILITÄRISCHER ZAPFENSTREICH AUFS BOOT.

aus AM ENDE DER WELT. WINDSTILLE
von William Golding

428 Pazifik, Neuseeland – Whitbread.

429 Pazifik, Fremantle (Australien) – Vuitton Cup 1992: die *Moro*.

430-431 Pazifik, Fremantle (Australien) – America's Cup 1987.

IL MORO

Pazifik, San Francisco, (USA) – Ein Mitglied der Mannschaft der 12 Meter langen *USA*.

LEWMAR

Pazifik, Fremantle (Australien) – Vuitton Cup 1992: An Bord bei einem Herausforderer.

Atlantik – Whitbread: An Bord der *Merit*.

MERIT

438 und 439 ▪ Atlantik, Brest (Frankreich) – Global Challenge 2002-2003: Die *Adrien* von Jean-Luc van den Heede.

440-441 ▪ Pazifik – Volvo Ocean Race 2002: An Bord der *Amer Sports One*.

UBS

442, 443 und 444-445 Pazifik, Fremantle (Australien) – America`s Cup 1987.

446 und 447 • Mittelmeer, St. Tropez (Frankreich) – Farbige Segel beim Les voiles de Saint-Tropez (Nioulargue).

448-449 • Pazifik, Neuseeland – America`s Cup 2003: *Luna Rossa.*

alinghi

Pazifik, Neuseeland –
America`s Cup 2003: die *Alinghi.*

FUJIFILM
FUJIFILM
FUJIFILM
LACOSTE
LACOSTE
TELECOM

Atlantik – Transatlantic Rum Race 2002: der Trimaran *Fujifilm*.

KATAMARANE SIND SÖHNE DES WINDES UND EINER GROSSARTIGEN TECHNOLOGIE, DIE DEN MENSCHEN AUCH ZUM MOND BRACHTE. SIE SIND DIE HOCHSEETÜCHTIGEN, DIE UNGEHEUER SCHNELLEN MISSILES DES WASSERS.

Atlantik – Transatlantic Rum Race 2002: der Trimaran *Belgacom.*

BELGACOM
BELGACOM
BELGACOM
OOSTENDE

Atlantik – Transatlantic Rum Race 1978: der Trimaran *Krite IV.*

458 • Karibik – Minikatamaran.

458-459 • Atlantik – Challenge Mondial Assistance 2003: der Trimaran *Foncia*.

460-461 • Atlantik – Transatlantic Rum Race 1978: der Trimaran *Dupon.*

FONCIA
FONCIA
FONCIA
FONCIA
KINGFISHER

DURAN

Auf dem WELLEN KAMM

ALESSANDRA SENSINI

• Kalifornien (USA) – Hinter dem Wellenbrecher "treiben".

EINLEITUNG Auf dem Wellenkamm

AUF HAWAII RITTEN ERSTMALS EINIGE WAGHALSIGE MENSCHEN AUF DEN VIER BIS FÜNF METER HOHEN, SCHAUMGEKRÖNTEN WELLENKÄMMEN. UM AUF DEN KAMM ZU GELANGEN, MUSS MAN DIE WELLEN ERST UMKREISEN, DAS MEER BEOBACHTEN UND DANN DEN RICHTIGEN MOMENT ABPASSEN. GUTE WELLEN ROLLEN ZYKLISCH, JE NACH ORT UND ZEIT KOMMT ALLE DREI, VIER ODER FÜNF SEKUNDEN EINE. ES IST NICHT SCHWER, EINE GUTE WELLE ZU ERKENNEN. SIE STEIGT AUF, WÄCHST, WIRD SENKRECHT UND ROLLT DRÖHNEND AN DEN STRAND. JE NACH TIDE ZIEHT DIE STRÖMUNG SIE HINAUS ODER TRÄGT SIE ANS UFER. AUCH WIND UND WASSERTIEFE VERÄNDERN DIE DINGE. EINE NATÜRLICHE UHR BESTIMMT DEN RHYTHMUS DER WELLEN. SCHLIESSLICH IST ES ZEIT; ZU BE-

EINLEITUNG Auf dem Wellenkamm

GINN IST DIE WELLE EIN KLEINER WASSERHÜGEL, DER SICH SCHEINBAR KAUM BEWEGT. JETZT WÄCHST SIE. MAN MUSS DIE WELLE IM RICHTIGEN MOMENT, NICHT FRÜHER UND NICHT SPÄTER, PACKEN. AUF DEM KAMM FÜHLT MAN SICH BEINAHE ÜBERNATÜRLICH. DIE MACHT EINER WELLE IST ERSCHRECKEND. MAN HAT STARKE GEFÜHLE, MANCHMAL ZUM ZERSPRINGEN, ABER WENN MAN DIE GEHEIMNISSE UM DIE WELLE ZU BEHERRSCHEN KENNT, WIRD SIE EINEM ALLES: FREUNDSCHAFTLICHE NATUR, LEBENSKRAFT BIS HIN ZUM INBEGRIFF DES MENSCHSEINS. DEN WELLENKAMM ZU KENNEN HEISST, DAS EIGENE GLEICHGEWICHT ZU BEHERR-SCHEN. HINTER DEM WEISSEN SCHAUM UND DER BLAUEN TRANSPARENZ, DIE NUR FLÜCHTIG SIND, VERBIRGT SICH DIE VIBRIERENDE KRAFT DES MEERES. LÄSST MAN SICH TRA-

Auf dem Wellenkamm

Einleitung

GEN ODER MITREISSEN? DAS IST DIE FRAGE – IM SPORT WIE IM LEBEN. DEN ERFOLG STEUERN IST ANSTRENGENDER ALS AUF EINEM BRETT NUR DAS GLEICHGEWICHT ZU HALTEN. WIE OFT IM LEBEN HAT MICH DIE WELLE GEPACKT UND UMGEWORFEN, GERADE DANN, WENN ICH GLAUBTE, AUF IHREM KAMM ZU REITEN... NUR EINMAL WAR ICH GANZ SICHER, NÄMLICH NACH DER GOLDMEDAILLE BEI DEN OLYMPISCHEN SPIELEN IN SYDNEY, ALS ICH AUF DEM MARKTPLATZ VON GROSSETO DIE MENSCHENMENGE, DIE FAHNEN, DIE MUSIK, DEN APPLAUS, DIE KONFETTIS, MENSCHEN, DIE WEINTEN UND MIR DANKTEN, WAHRNAHM. IN DIESEM AUGENBLICK GLAUBTE ICH, OHNMÄCHTIG ZU WERDEN, UND DANN WEINTE AUCH ICH.

467 • Australien – Das Brett durchschneidet die Welle wie ein Messer.

468-469 • Hawaii – Wind und Wellenbrecher in Pavillions im Hookipa Beach Park.

Hawaii – Gefangen in der Welle.

472 • Kalifornien (USA) – Überzogen mit einem nassen Film tauchen Mann und Brett aus dem Tunnel auf.

473 • Mahui, Hawaii – Der Surfer flieht gleitend vor einer furiosen Wassermauer.

Die perfekte Welle

474-475 • Riesige Wellen türmen sich auf und brechen sich an Hawaiis Küsten.

476-477 • Australien – Direkt hinter den brechenden Wellen.

478 ● Kalifornien (USA) – Sprung auf den Kamm. Der Surfer beherrscht die Kräfte von Welle und Wind.

478-479 ● Australien – Akrobatik jenseits des Wellenkamms.

480 • Mittelmeer – Zwischen Millionen von Wassertropfen.

481 • Kalifornien (USA) – Vom Wind getrieben fliegt das Brett leicht und schnell dahin.

482-483 • Hawaii – Am Fuß eines blauen Gebirges – der vom Wind gepeitschte Wellenkamm.

ZWISCHEN HIMMEL und MEER

ANGELO MOJETTA

Pazifik, Galápagosinseln (Ecuador) – Ein Leguan.

EINLEITUNG Zwischen Himmel und Meer

EINE VOLLMONDNACHT. EINE SCHILDKRÖTE KOMMT AUS DEM MEER UND KRIECHT AN DEN STRAND, WO SIE EIN NEST GRÄBT UND IHRE EIER ABLEGT. AM MORGEN WERDEN NUR SCHWACHE SPUREN IM SAND, DIE BALD VERSCHWINDEN, AN IHREN KURZEN AUFENTHALT AUF DEM FESTLAND ERINNERN. DIE SCHILDKRÖTEN LEBEN, WIE SEESCHLANGEN, KRO-KODILE UND LEGUANE, IN ZWEI GEGENSÄTZLICHEN, ABER BENACHBARTEN WELTEN. AUF DER SCHMALEN GRENZLINIE ZWISCHEN WASSER UND ERDE ENTWICKELTEN DIESE ARTEN IHRE EIGENE ÜBERLEBENS-STRATEGIE: SIE SIND DANK DER GRAUSAMEN, ABER UNUMKEHRBAREN EVOLUTIONSGESETZE DIE SIEGER, DENN DIESE GESETZE BEGÜNSTIGEN DIEJENIGEN TIERE,

DIE SICH VERÄNDERN UND ANPASSEN KÖNNEN. DIESELBEN GESETZE SCHENKTEN DEN PINGUINEN DIE FÄHIGKEIT, ZWISCHEN ZWEI WELTEN ZU LEBEN. DIESE VÖGEL OHNE FLÜGEL VERLIESSEN DEN HIMMEL ZUGUNSTEN DES MEERES, UND HEUTE SCHWIMMEN SIE UNTER WASSER SCHNELLER ALS FISCHE. AUCH EINIGE LANDSÄUGETIERE, WIE SEEHUND, SEELÖWE UND WALROSS, TRATEN DEN WEG INS MEER AN, WO SIE FRESSEN, SPIELEN, JAGEN UND SICH PAAREN. AUFS FESTLAND KOMMEN SIE NUR SELTEN UND NUR FÜR KURZE ZEIT ZURÜCK. FAST ALLE SEEVÖGEL LEBEN ZWISCHEN ERDE, WASSER UND HIMMEL. DIE GROSSEN ALBATROSSE KÖNNEN TAUSENDE KILOMETER FLIEGEN, WOBEI SIE DIE LUFTSTRÖMUNGEN KNAPP ÜBER DEM MEERES-

SPIEGEL AUSNUTZEN. IM MEER FINDEN SIE IHRE NAHRUNG. TÖLPEL UND FREGATTVÖGEL KREISEN IN GROSSER HÖHE, UM DEN VON RIESIGEN FISCHSCHWÄRMEN, DIE VOR TUNFISCH-, DELFIN- ODER HAIANGRIFF AN DIE OBERFLÄCHE GEFLÜCHTET SIND, ERZEUGTEN SCHAUM ZU FINDEN. SIE SIND BEREIT, SICH KOPFÜBER IN DIE FLUTEN ZU STÜRZEN, UM IHREN ANTEIL AN DER BEUTE ZU ERGATTERN. SIE TAUCHEN KURZ EIN UND FLIEGEN ERNEUT IN DIE HÖHE, MIT TRIEFENDEN FLÜGELN UND EINEM FISCH IM SCHNABEL. DANN KEHREN SIE AUFS FESTLAND ZURÜCK, UM NACHTS ZU SCHLAFEN ODER UM DEN IM NEST WARTENDEN JUNGEN NAHRUNG ZU BRINGEN.

Pazifik, Galápagosinseln (Ecuador) – Rote Krebse.

490-491 • Pazifik, Newport Beach, Kalifornien (USA) – Ein brauner Pelikan.

492-493 • Atlantik, Süd Georgia (USA) – Kaiserpinguine.

“ SCHLAFFE, ABGEFRESSENE KREATUREN TREIBEN DORT UNTEN ODER SCHLEPPEN SICH AM GRUND DAHIN ... DER POTTWAL STÖSST LUFT- UND DAMPFFONTÄNEN AUS ODER SPIELT MIT SEINER SCHWANZFLOSSE, DAS WALROSS, DIE SCHILDKRÖTE, DER PELZIGE SEELEOPARD, DER ROCHEN ... ”

aus BLÄTTER
von Walt Whitman

494 • Pazifik, Niederkalifornien (Mexiko) – Seelöwen.

495 • Pazifik, Macquarie Island (Antarktis) – Seeelefant und Kaiserpinguin.

Atlantik, Florida (USA) – Neuseeländische Seelöwen.

Atlantik, Florida (USA)
– Ein Alligator.

500 und 501 • Atlantik, Florida (USA) – Alligatoren

502-503 • Pazifik (Australien) – Seeadler mit weißer Brust.

Pazifik, Galápagosinseln (Ecuador)
– Braune Pelikane.

506 • Nordsee, Schottland – Meereskreaturen.

506-507 • Pazifik, Campbell Island (Neuseeland) – Königsalbatrosse.

508-509 • Rotes Meer, Dahlakinseln (Eritrea) – Seeschwalben.

510-511 • Pazifik, Französisch Polynesien – Gestreifter, polynesischer Reiher.

KORALLEN-GÄRTEN

ANGELO MOJETTA

Rotes Meer, Ägypten – Clownfisch und Seeanemone.

EINLEITUNG Korallengärten

WEGEN IHRER FARBENPRACHT NENNT MAN SIE KORALLENGÄRTEN. EIGENTLICH SIND ES EBENEN, PRÄRIEN, GEBIRGE, STEILWÄNDE, CANYONS, STOLLEN, GROTTEN, OFFENER MEERESGRUND IN BLAUEN TIEFEN UND VIELES ANDERE MEHR. UNTERSTÜTZT UND UMGEBEN VON WASSER, MIT ODER OHNE SAUERSTOFFGERÄT, KANN DER MENSCH FREI DURCH DIESE TRAUMWELT ZAUBERHAFTER TÖNE STREIFEN. JEDER TAUCHGANG IST EIN NEUES ABENTEUER, EINE BEGEGNUNG MIT SAGENHAFTEN TIEREN WIE ROCHEN, HAIEN ODER WALEN, MIT KLEINEN, ÜBERRASCHEND SCHÖNEN ORGANISMEN WIE NACKTKIEMERN ODER SEESCHMETTERLINGEN. WIE IN UNSEREN TRÄUMEN ZIEHEN WIR STAUNEND UMHER UND BEGEGNEN DEN GROSSEN RAUBTIEREN, DIE UNS

EINLEITUNG Korallengärten

ANSCHEINEND NICHT BEACHTEN ODER SICH UNS NUR NEUGIERIG UND WAHRSCHEINLICH FURCHTSAM NÄHERN. WENN MAN SCHWERELOS AN EINEM TROPISCHEN RIFF ENTLANGGLEITET – UNWICHTIG OB ES DAS ROTE MEER BEI DEN MALEDIVEN IST, DAS AUSTRALISCHE BARRIER REEF ODER DIE KARIBIK –, ERFÄHRT MANCHER DEN WAHREN SINN UND DEN WAHREN REICHTUM DES LEBENS, DAS HIER DIE FANTASIEVOLLSTEN FORMEN ANNIMMT. EIN BLICK AUFS OFFENE MEER ENTHÜLLT EINEN GROSSEN SCHWARM AUS BARRACUDAS ODER STACHELMAKRELEN, EIN FLOSSENSCHLAG TRÄGT UNS AUF EINE MAUER AUS FISCHEN ZU, DIE SICH AUF MAGISCHE WEISE ÖFFNET, UM SICH SOFORT HINTER UNS WIEDER ZU SCHLIESSEN. ENTLANG DER STEILWÄNDE UNTERTEILEN GROSSE GORGO-

Korallengärten

Einleitung

NIEN DEN RAUM IN TAUSENDE FENSTERCHEN, HINTER WELCHEN SICH FARBENFROHE FISCHE TUMMELN, DIE DURCH BRAUSENDE SAUERSTOFFBLASEN SOFORT VERSCHEUCHT WERDEN. NUR FÜR WENIGE SEKUNDEN – DENN DAS ÜPPIGE RIFF IST GRENZENLOS – VERHARRT MAN IM BANN DER REICHEN ARCHITEKTUREN, DIE VON UNERMÜDLICHEN STEINKORALLEN, DEN ERBAUERN DIESES UNTERWASSERREICHS, GESCHAFFEN WURDEN. ZWISCHEN DEN FEDERN UND TENTAKELN DER KORALLEN UND ANEMONEN GIBT ES ALLE DENKBAREN FORMEN UND FARBEN; JEDE IST EIN TEILCHEN, DAS ÜBERRASCHEND GUT ZU SEINEM NACHBARN PASST UND SICH ZU EINEM HERRLICHEN MOSAIK ZUSAMMENFÜGT.

Rotes Meer, Ägypten – Rote Korallencernie.

518 ◦ Mittelmeer, Sardinien (Italien) – Gewöhnlicher Krake.

519 ◦ Mittelmeer, Gozo (Malta) – Weichkorallen.

520-521 Indischer Ozean, Sipadan (Malaysia) – Meeresschildkröte.

521 Rotes Meer, Scharm-el-Scheich (Ägypten) – Meeresschildkröte.

Pazifik, Papua Neuguinea – Wald aus Weichkorallen.

„Ich war erstaunt über das Schauspiel, das sich meinen Augen ind den Wassern von Le Mourillon bot: Mit grünen, braunen und silbernen Algenwäldern und Fischen bedeckte Felsen, wie ich sie noch nie sah. Sie schwammen im kristallklaren Wasser ... Ich befand mich in einem Dschungel, den noch niemand sah, der auf dem trüben Meeresspiegel einherfuhr."

Jacques-Yves Cousteau, 1936

524 • Karibik, Cayo Largo (Kuba) – Haarsterne und Hornkorallen.

525 • Rotes Meer, Scharm-el-Scheich (Ägypten) – Fächer aus Hornkorallen.

Rotes Meer, Ägypten – Gorgonien und Glasfische.

528 • Pazifik, Manado Sulawesi (Indonesien) – Fassschwamm und Riesengorgonie.

528-529 • Pazifik, Papua Neuguinea – Elefantenohrschwamm.

Der Clown des Meeres

530 • Pazifik, Malaysia
– Falsche Clownfische.

530-531 • Pazifik, Philippinen
– Clownfische.

532-533 • Indischer Ozean, Papua Neuguinea – Skorpionsfisch.

533 • Rotes Meer, Ägypten – Weichkorallen.

Rotes Meer, Ägypten
– Eine Weichkoralle.

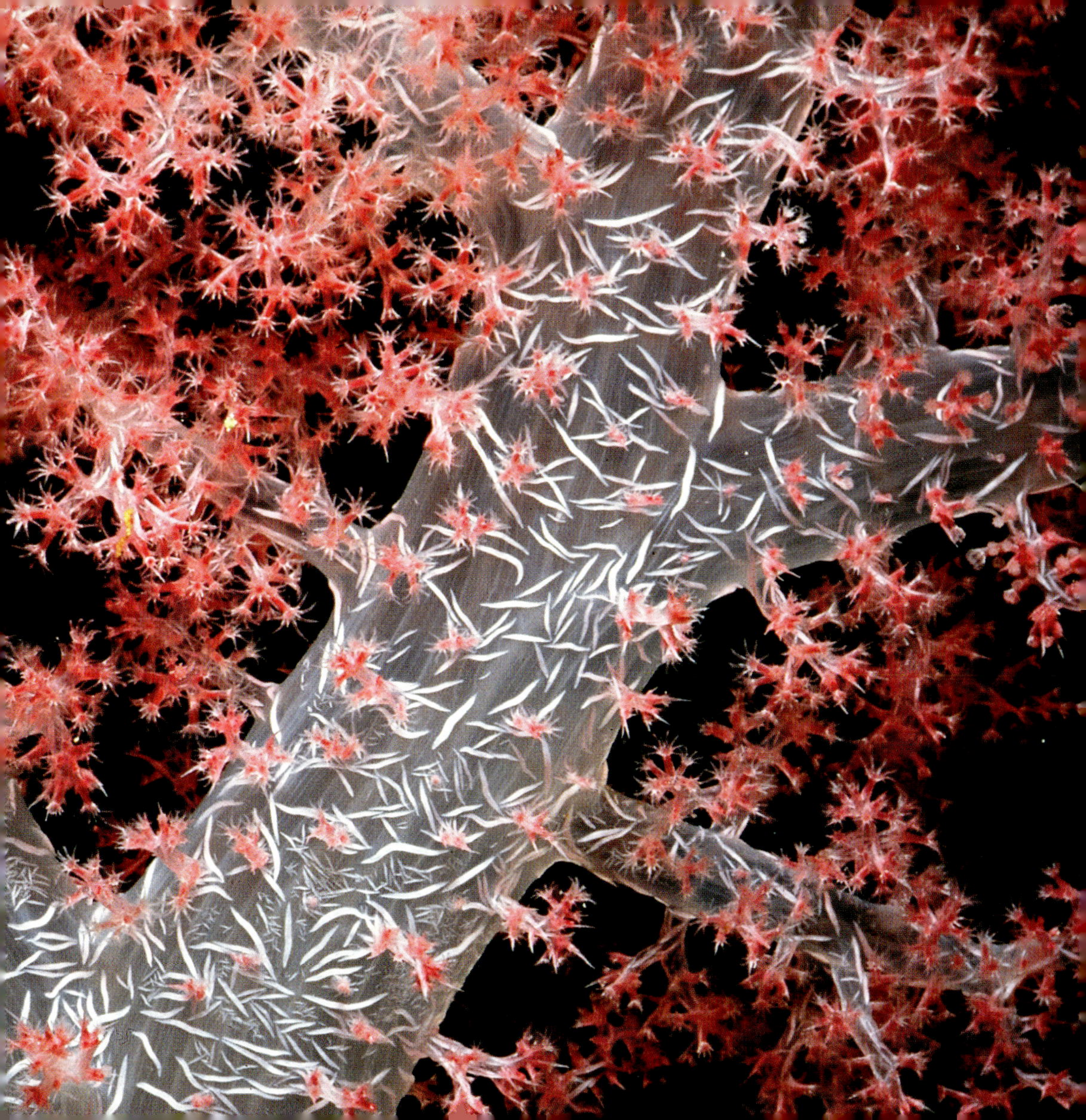

536-537 ◈ Rotes Meer, Ägypten
– Eichhörnchenfisch.

537 ◈ Rotes Meer, Ägypten
– Eine Weichkoralle.

Unterwassergeometrie

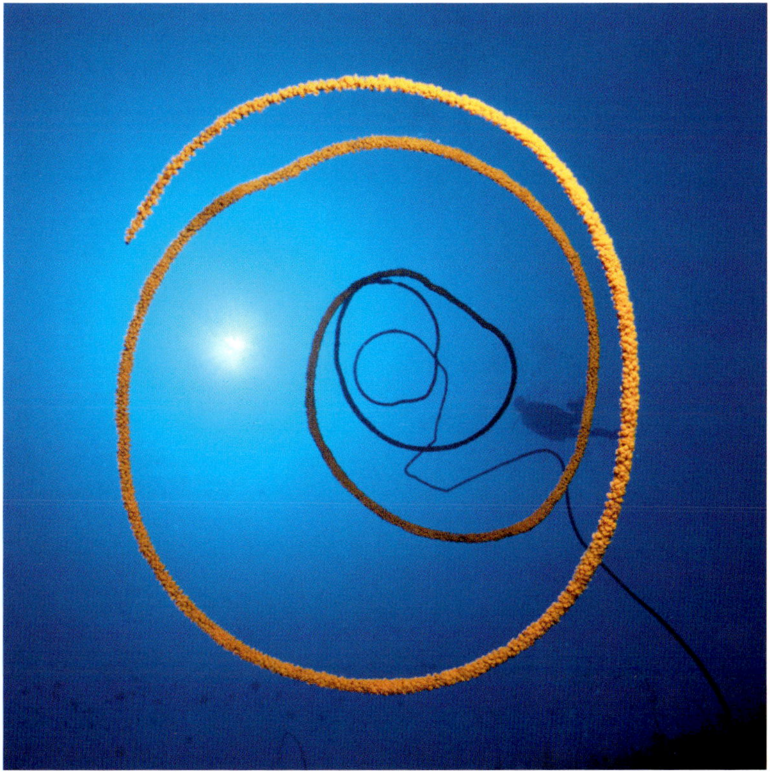

538 • Indischer Ozean, Malaysia – Fledermausfische.

539 • Pazifik, Australien – Peitschengorgonie.

540-541 ▫ Indischer Ozean, Malediven – Barracuda und Stachelmakrelen.

542-543 ▫ Indischer Ozean, Malediven – Schützenriff.

544-545 ▫ Indischer Ozean, Malediven – Trigonien.

DER MEERESGRUND IST WIE EIN ZAUBERWALD, DER ORT DES LICHTS UND DER ZARTESTEN FARBEN, WO ES LEBENDIGE FÄCHER GIBT UND TIERE ALLER FORMEN OHNE UNTERLASS UMHERSCHWIMMEN. NUR DAS GERÄUSCH DES SAUERSTOFFGERÄTS UNTERBRICHT DEN ZAUBER, IN DEN MAN SICH BEGIBT, WENN MAN DIE OBERFLÄCHE EINMAL HINTER SICH GELASSEN HAT.

546 • Pazifik, Australien – Riesenzackenbarsch.

547 • Karibik, Florida (USA) – Schwarzer Zackenbarsch.

Rotes Meer, Ägypten
– Papageienfisch.

550-551 • Karibik, Florida (USA) – Königinnenfisch.

552-553 • Rotes Meer, Ägypten – Schmetterlingsfische auf einer Fahne.

GIGANTEN der MEERE

NORA L. DEANS

Pazifik, Queensland (Australien) – Wale in Platypus Bay.

EINLEITUNG Giganten der Meere

WIE EIN GEIST IM DICHTEN NEBEL VERDUNKELTE EIN MASSIGES ETWAS DAS WASSER. ICH BLICKTE ANGESTRENGT ÜBER DEN BUG, UM GENAUER ZU SEHEN. ICH SPÜRTE DEN ATEM DES TIERES, AHNTE FÖRMLICH SEINEN FEUCHTEN HAUCH, EINE ZEHN METER HOHE FONTÄNE.

SCHLIESSLICH ERBLICKTE ICH DEN SCHILLERNDEN, GRAUBLAUEN RÜCKEN, WÄHREND ICH AUFMERKSAM IN DIE TIEFE STARRTE. DIE RIESIGE SCHWANZFLOSSE ERHOB SICH, BEVOR SIE INS MEER TAUCHTE.

IN SEKUNDENSCHNELLE WAR DAS GRÖSSTE TIER DER ERDE VERSCHWUNDEN, ABER ICH HATTE MEINEN ERSTEN BLAUWAL GESEHEN. IM MEER LEBEN VIELE GIGANTEN, ABER DER BLAUWAL IST DER KÖNIG. NUR

EINLEITUNG Giganten der Meere

DER OZEAN KANN DIESES RIESENTIER BEHERBERGEN, DAS SICH AN LAND KEINEN METER BEWEGEN KÖNNTE. DESHALB WÄHLTEN DIE WALE, DIE IN ALTEN ZEITEN DEM GESETZ DER SCHWERKRAFT UNTERLAGEN, DAS MEER ZU IHREM LEBENSELEMENT UND WURDEN ZU DEN GRÖSSTEN LEBENDEN SÄUGETIEREN.

ABER NICHT ALLE MEERESGIGANTEN SIND WALE. ES GIBT DIE WALHAIE, GEFLECKTE KOLOSSE VON DER LÄNGE EINES FISCHKUTTERS, DIE RIESENHAIE, KAUM KLEINER, UND DIE RIFFHAIE, DIE „SCHWARZEN TEUFEL" MIT DER EINDRUCKSVOLLEN SPANNWEITE. SIE SIND ECHTE FISCHE, WURDEN IM WASSER GEBOREN UND LEBEN DORT, EBENSO WIE DER SAGENHAFTE JÄGER DER MEERE, DER WEISSE HAI.

Giganten der Meere

Einleitung

WEIT UNTER DEM MEERESSPIEGEL GEHT EIN ANDERER KOLOSS IN DEN TINTENFARBENEN, EISIGEN WASSERN AUF BEUTEZUG: DER LEGENDÄRE RIESENKRAKE, DER IN DEN TIEFEN DER OZEANE UND IN UNSEREN LEGENDEN LEBT UND SICH NUR ZEIGT, WENN ER STRANDET ODER SICH IN EINEM NETZ VERFÄNGT.

DER FRÜHER FÜR DEN SCHRECKLICHSTEN MEERESBEWOHNER GEHALTENE RIESENKRAKE WURDE IN NEUERER ZEIT VON EINEM IN DER ANTARKTIS GEFANGENEN KRAKEN ABGELÖST, DEM KOLOSSKRAKEN. KÄMPFT VIELLEICHT AUCH ER MIT DEN POTTWALEN IN DEN TIEFEN UM NAHRUNG UND MISCHT SICH IN DIE KÄMPFE DER GIGANTEN DER TIEFE EIN?

Pazifik, Australien – Ein weißer Hai im Golf von Spencer.

560-561 ● Atlantik, Patagonien (Argentinien) – Südkaper.

562-563 ● Pazifik, Kalifornien (USA) – Grauwal in den Wassern der Channel Islands.

Pazifik, Hawaii – Buckelwale

Beringsee, Alaska (USA)
– Buckelwale.

568 und 569 • Nordatlantik – Orcas vor der Küste Norwegens.

570-571 • Pazifik, Australien – Ein Walhai im Ningaloo Reef.

572-573 • Pazifik, Great Barrier Reef (Australien) – Walhai.

“HIER UND DA BLITZEN IN DER HÖHE DIE SCHNEEWEISSEN FLÜGEL UNSCHULDIGER, KLEINER VÖGEL. ZARTE GEDANKEN IN FRAULICHER ATMOSPHÄRE; ABER UNTEN, IN DEN TIEFEN DES ENDLOSEN BLAU KAMEN IMMER WIEDER RIESIGE LEVIATHANE, SCHWERTFISCHE UND HAIE VORBEI UND IHNEN GALTEN DIE MÄNNLICHEN, AUFGEWÜHLTEN UND MÖRDERISCHEN GEDANKEN DES SEEMANNS.”

aus MOBY DICK *von Herman Melville*

Indischer Ozean, Südafrika
– Ein weißer Hai.

Südatlantik, Südafrika – Ein weißer Hai in False Bay nahe Kapstadt.

"MIT DOPPELTER KRAFT UND ENERGIE SCHWAMM ER AUF DIE WEISSE KLIPPE ZU; AUF HALBEM WEG TAUCHT DER SCHRECKLICHE KOPF EINES SEEUNGEHEUERS AUF UND NÄHERT SICH IHM MIT AUFGERISSENEM MAUL, EINEM SCHLUND, MIT DREI ZAHNREIHEN, DIE SCHON GEMALT ANGSTEINFLÖSSEND GEWESEN WÄREN."

aus PINOCCHIO *von Carlo Collodi*

578 • Atlantik, Isle of Man (Großbritannien) – Ein Riesenhai.

579 • Pazifik, Kalifornien (USA) – Ein Riesenhai.

Fress-Sucht

Karibik, Costa Rica – Haie vor den Kokosinseln.

Pazifik, Marshall-Inseln – Sandbankhaie in der Nähe des Bikini-Atolls.

- Pazifik, Kalifornien (USA) – Menschenhaie in den Gewässern von San Diego.

586 Karibik, Costa Rica – Hammerhaie vor den Kokosnussinseln.

586-587 Sargassosee, Bahamas – Ein Hammerhai.

588-589 Atlantik, North Carolina (USA) – Ein Hammerhai.

590 und 591 • Golf von Mexiko, Mexiko – Riesenrochen bei Socorro Island.

592-593 • Pazifik, Big Island (Hawaii) – Ein Riesenrochen bei Kona.

Sargassosee, Little Bahama Bank
– Atlantische Fleckendelfine.

Sargassosee, Bahamas – Atlantische Fleckendelfine.

598 und 599 • Indischer Ozean, Südafrika – Delfine.

600-601 • Rotes Meer, Ägypten – Tümmler.

Die VERSUNKENE GESCHICHTE

GAETANO CAFIERO

Atlantik, Neufundland (Kanada) – Der Überseedampfer *Titanic.*

EINLEITUNG Die versunkene Geschichte

„LAUF, BLAUER, TIEFER OZEAN, LAUF! 10.000 FLOTTEN HABEN DICH NICHT UNTERDRÜCKT. DER MENSCH ÜBERSÄT DIE ERDE MIT RUINEN, DOCH SEIN REICH ENDET AN DER KÜSTE.“ ETWA DIESE WORTE FAND DER DICHTER GEORGE GORDON BYRON VOR FAST 200 JAHREN. ES IST WAHR: DAS MENSCHENGESCHLECHT HINTERLÄSST IM RIESIGEN OZEAN KEINE EWIGEN SPUREN. DIE GRÖSSTEN SCHIFFE SIND BEDEUTUNGSLOSE STECKNADELKÖPFE IM VERGLEICH ZUR UNERMESSLICHEN WASSERMASSE. WENN SIE SCHIFFBRUCH ERLEIDEN, VERSCHWINDEN SIE IN GRÄBEN, DEREN TIEFE MAN IN KILOMETERN MISST. DER OZEAN WIRD ZU EINEM STUMMEN ZEUGEN, EIN EISIGER TRESOR GREIFBARER BEWEISE, WELCHE DIE INGENIEURSKUNST SCHUF, UND

EINLEITUNG Die versunkene Geschichte

MIT DEM WISSEN ÜBER DEN RASANTEN FORTSCHRITT DER ZIVILISATION. DIE RESTE ANTIKER HÄFEN UND ANDERE RUINEN KÖNNEN HEUTE, WENN SIE DEM MENSCHEN SCHON NICHT DIREKT ZUGÄNGLICH SIND, SO DOCH MIT APPARATEN BETRACHTET WERDEN; MAN KANN SIE FOTOGRAFIEREN UND FILMEN. SEIT WIR UNS VOM SCHNORCHEL DES FROSCHMANNS VERABSCHIEDETEN UND BEGONNEN HABEN, UNTER WASSER MIT EINEM UNABHÄNGIGEN GERÄT ZU ATMEN, KÖNNEN WIR DIE NATUR DES MEERES, SOWEIT DAS SONNENLICHT EINDRINGT, BEOBACHTEN. EIN VERSUNKENES SCHIFFES ODER EIN ABGESTÜRZTES FLUGZEUG ZU ENTDECKEN, KANN UNBESCHREIBLICHE EMOTIONEN FREISETZEN. DAS SORGENVOLLE WARTEN VOR DEM TAUCHGANG,

Die versunkene Geschichte

Einleitung

DIE EHRFURCHT VOR DER – AUCH DRAMATISCHEN – GESCHICHTE DES OBJEKTS, DAS WIR ERKUNDEN WOLLEN. JEDES MAL, WENN MAN AUF EIN RELIKT TRIFFT, IST DIES EIN MAGISCHER AUGENBLICK. MAN TAUCHT IN DAS IMMER TIEFER WERDENDE BLAU EIN, UND NUR DIE SAUERSTOFFBLASEN UNTERBRECHEN DIE STILLE. AUS DEM DUNKEL ERSCHEINT DER SCHEMENHAFTE UMRISS DES SCHIFFES, DIE FORM ZEICHNET SICH AB, FRAGMENTE WERDEN SICHTBAR. STRUKTUREN UND DINGE HÄUFEN SICH AUF DER BRÜCKE ODER AUF DEM BODEN – MAN SCHWIMMT DARAUF ZU UND IST SICH ABSOLUT SICHER, BEDEUTENDE DINGE ZU FINDEN. VERFORMTES BLECH, DAS SCHON TEIL DES MEERES-

Die versunkene Geschichte

Einleitung

GRUNDS GEWORDEN IST, BEHERBERGT MILLIARDEN LEBEWESEN, VON GROSSEN FISCHEN BIS ZU KLEINEN, WIRBELLOSEN TIEREN, DIE DAS WRACK ZU IHRER SICHEREN ZUFLUCHT ERKOREN HABEN.

DIE DEUTLICHE ÜBERMACHT DER LEBENDEN ORGANISMEN, DIE VERKRUSTEN, ZUSAMMENWACHSEN, SICH VERÄNDERN UND NEUES SCHAFFEN, IST MANCHMAL GERADEZU EXZESSIV: VON VIELEN IN DER KARIBIK VERSUNKENEN SPANISCHEN SCHIFFEN BLIEB KAUM EINE SPUR: DAS HOLZ IST VERMODERT, EISEN, SILBER UND GOLD LIEGEN IM SICHEREN, MARMORIERTEN SAFE DES MEERES, ERGEBNIS DER UNERMÜDLICHEN ARBEIT DER STEINKORALLEN.

608 Rotes Meer, Oase von Nabq (Ägypten) – Das Frachtschiff *Hedoromo Million Hope.*

608-609 Rotes Meer, Gordon Reef (Ägypten) – Das Frachtschiff *Louilla.*

610-611 Atlantik, Skeleton Coast (Namibia) – Das Linienschiff *Dunedin Star.*

HILTI

612-613 • Mittelmeer, Alexandria (Ägypten) – Hafen von Heraklion, Statue von Hapi.

614 und 615 • Ägäis, Bucht von Serce Limani (Türkei) – Der Frachter *Glass Wreck.*

616-617 ◦ Mittelmeer, Kap Teulada, Sardinien (Italien) – Das Motorschiff *Dino.*

618-619 ◦ Mittelmeer, Mortoli, Korsika (Frankreich) – Das Linienflugzeug *Vickers.*

620 und 621 • Rotes Meer, Abu Nuas (Ägypten) – Das Frachtschiff *Ghiannis D.*

622-623 • Rotes Meer, Abu Galawa Reef (Ägypten)
– Das als "Der Schlepper" bekannte Wrack.

IM LAUF DER JAHRE SCHIFFTE ICH MICH AUF U-BOOTEN EIN UM DIE LUSITANIA UND DIE BRITANNIA UND JEDES BELIEBIGE ANDERE WRACK ZU BESUCHEN. JEDE DIESER ERFAHRUNGEN VERDICHTETE MEINE ÜBERZEUGUNG, DASS DER MEERESGRUND EIN UNERSCHÖPFLICHES MUSEUM IST.

aus DIE ERFORSCHUNG DER OZEANE *von Robert D. Ballard*

Pazifik, Bucht von Truk (Mikronesien) – Ein im Laderaum gefundener Tank und der Bug des Militärfrachters *San Francisco Maru*.

626 • Atlantik, Guanaja (Honduras) – Das Frachtschiff *Jado Trader.*

627 • Atlantik, Bermuda – Der Marinedampfer *Montana.*

628-629 • Pazifik, Rabaul (Papua Neuguinea) – Der Jagdbomber *Mitsubishi A6 M2.*

WASSER und FEUER

GAETANO CAFIERO

Pazifik, Kalapana (Hawaii) – Der Kilauea.

EINLEITUNG Wasser und Feuer

WASSER UND FEUER. NUR IM MEER TREFFEN SICH DIE BEIDEN KONTRÄREN URKRÄFTE (IN DER ANTIKE GLAUBTE MAN AN ZWEI ELEMENTE) UND VERBINDEN SICH AUF FRUCHTBARE WEISE. AUF DEM MEERES-GRUND BRICHT DAS FEUER AUS DEM ERDINNEREN, ZÜNGELT UNTER DER TAUSENDE METER DICKEN WAS-SERMASSE UND SCHAFFT EINE OASE DES LEBENS IN DEN TIEFSTEN TIEFEN, DIE EWIGE FINSTERNIS UND SAUERSTOFFMANGEL ANSONSTEN ÖDE WIE EINE STEIN-WÜSTE MACHEN. DAS WASSER SETZT GAS UND MINE-RALIEN IN UMLAUF, DIE AUS DEN BRENNENDEN ADERN DER ERDE FLIESSEN. DIES IST DAS ERSTE GLIED EINER NAHRUNGSKETTE, AN DEREN ENDE DIE RAUBTIERE STE-HEN. DIE VON DEN LAVAQUELLEN FRUCHTBAR

GEMACHTEN OASEN LIEGEN IM EWIGEN DUNKEL UND HABEN KEINERLEI VEGETATION. SIE SIND EIN ÄUSSERST SELTENER FALL IN DER BIOLOGIE, DENN DIE LEBENS-ENERGIE ENTSTEHT HIER NICHT DURCH SONNE UND FOTOSYNTHESE, SONDERN DIREKT AUS DEM FEUER, DAS DIE ERDE NOCH IMMER AUF DEM MEERESGRUND ENTZÜNDET. AUCH DIE GROSSEN, MIT METHAN – DEM WICHTIGSTEN KOHLENWASSERSTOFF – VERSETZTEN SCHLAMMVULKANE KÖNNEN, DANK DER CHEMOSYN-THETISCHEN BAKTERIEN, ZU ÜPPIGEM TIERLEBEN FÜH-REN. WEITERE, VON UNTERWASSERVULKANEN GESPEI-STE OASEN, WELCHE DIE BERGRÜCKEN VERSUNKENER GEBIRGSKETTEN BILDEN, SIND ERSTAUNLICHE PHÄNO-MENE FÜR BLÜHENDES LEBEN, DIE ENERGIE DES MAG-

Wasser und Feuer

Einleitung

MAS, DIE AN DER OBERFLÄCHE SICHTBAR WIRD, WENN DIE ERUPTION EINES VULKANS TONNENWEISE GLÜHENDE LAVA INS WASSER SCHLEUDERT UND DAMPFSÄULEN VON DER HÖHE EINES GEBIRGES AUFSTEIGEN LÄSST, IST EINE MÄCHTIGE QUELLE, DIE SOGAR UNSERE GESCHICHTE NEU SCHREIBEN KÖNNTE. DER URSPRUNG ALLEN LEBENS WURDE IN DER VERGANGENHEIT IN EINEM URGEWÄSSER AN DER OBERFLÄCHE DER OZEANE GESUCHT. DIE ENTDECKUNG DER QUELLEN IN DEN TIEFEN ÄNDERTEN ABER DIE MEINUNG DER WISSENSCHAFTLER, WELCHE DIE HYPOTHESE BESTÄTIGEN, DASS IM URBEGINN NUR DIE BEIDEN ÄLTESTEN ELEMENTE EXISTIERTEN: FEUER UND WASSER.

635 • Pazifik, Insel Luzon (Philippinen) – Der Mayon.

636-637 • Karibik, Insel Monserrat – Der Soufriere Hills.

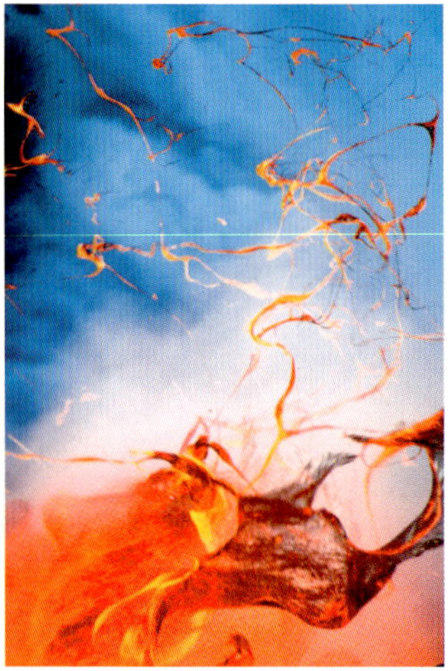

638 und 639 ● Karibik, Insel Reunion

– Der Piton de la Foirnaise.

640-641 ● Mittelmeer, Sizilien (Italien)

– Der Stromboli.

Das Brüllen des Pu`u O`o

642-643 und 644-645 • Pazifik, Kalapana (Hawaii) – Der Kilauea.

Die FARBE BLAU

CORNELIA LAUF

- Mittelmeer – Spiel der Reflexe, hervorgerufen durch sich brechende Wellen.

EINLEITUNG Die Farbe Blau

„MEER, ROT WIE DER WEIN“, SAGTE HOMER. VON AZURBLAUEN EISBERGEN TRÄUMTE CASPAR DAVID FRIEDRICH, UND SCHLIESSLICH VERSANKEN DIE BLAUEN UND BRAUNEN SCHIFFE DER BAROCKEN SEE-FAHRT IN DEN TÜCKISCHEN WASSERN DES LEBENS-OZEANS...

DIE SIEBEN MEERE WURDEN VON ÄGYPTERN, PHÖNIZIERN, RÖMERN, WIKINGERN, PORTUGIESEN UND HOLLÄNDERN BEFAHREN, UND VON DEN HEUTIGEN SEEMÄCHTEN. JEDE KULTUR ÜBERZOG DAS MEER MIT EINER UNGLAUBLICHEN PALETTE AUS VERSCHIEDENEN MATERIALIEN UND FORMEN. ES GIBT DIE ELFENBEINSCHNITZEREIEN DER ESKIMOS, DIE HAIKAIVERSE, WO „TSUNAMI“, DAS WELLENUNGEHEUER, SEINEN

EINLEITUNG Die Farbe Blau

BLAUEN SCHRECKEN VERBREITET, UND ES GIBT DIE VON WINSLOW HOMER GEMALTEN, BASALTBLAUEN ORKANE. DER REALISMUS DER ERSTEN AMERIKANER ZEIGT DEN URKONFLIKT ZWISCHEN MENSCH, MEER UND ELEMENTEN OHNE JEDE METAPHER. MONET LEHRTE, WIE DIE GEWÄSSER STÄNDIG IHRE FARBE WECHSELN, JE NACH TAGESZEIT VON ZARTROSA ZU TIEFEM INDIGO IN DUNKLER NACHT. DIE GRÖSSTE KUNST LIEGT DARIN, DIE FARBEN DER NATUR EINZUFANGEN.

BEI KÜNSTLERN UND FOTOGRAFEN WERDEN OPTISCH UND WISSENSCHAFTLICH KLAR ZU UMREISSENDE NATURPHÄNOMENE ABSTRAKT ODER KONKRET DARGESTELLT, IN EINER NEUEN FORM, DIE ATMOSPHÄRE,

Die Farbe Blau

Einleitung

KLIMA UND FARBIGKEIT BESSER ALS DIE WISSENSCHAFT FESTHALTEN KANN. BEISPIELE SIND DIE TÜRKISFARBENE TAKELAGE BOUDINS, DIE BLAUTÖNE FEININGERS, DIE MEERAUFNAHMEN VON FOTOGRAFEN WIE SUGIMOTO, PHILIPPE THOMAS UND BAS JAN ADER. ZU GOETHES ZEIT WAREN KUNST UND WISSENSCHAFT NOCH SCHWESTERN, UND EIN POET KONNTE EXPERIMENTIEREN, OHNE SEINE „AURA“ ZU GEFÄHRDEN. HEUTE IST DAS NICHT MEHR SO EINFACH. WIR MÜSSEN ZEICHEN WAHRNEHMEN, IN DER KUNST FARBE UND FORM DES MEERES ERKENNEN UND ZEUGEN FÜR SEIN HEUTIGES ERSCHEINUNGSBILD SEIN.

651 • Rotes Meer – Weiße und türkisfarbene Transparenz.

652-653 • Karibik, Kuba – Reflexe am Strand von Matanzas.

654-655 • Rotes Meer – Ausschnitt des bunten Schuppenkleides eines Papageienfisches.

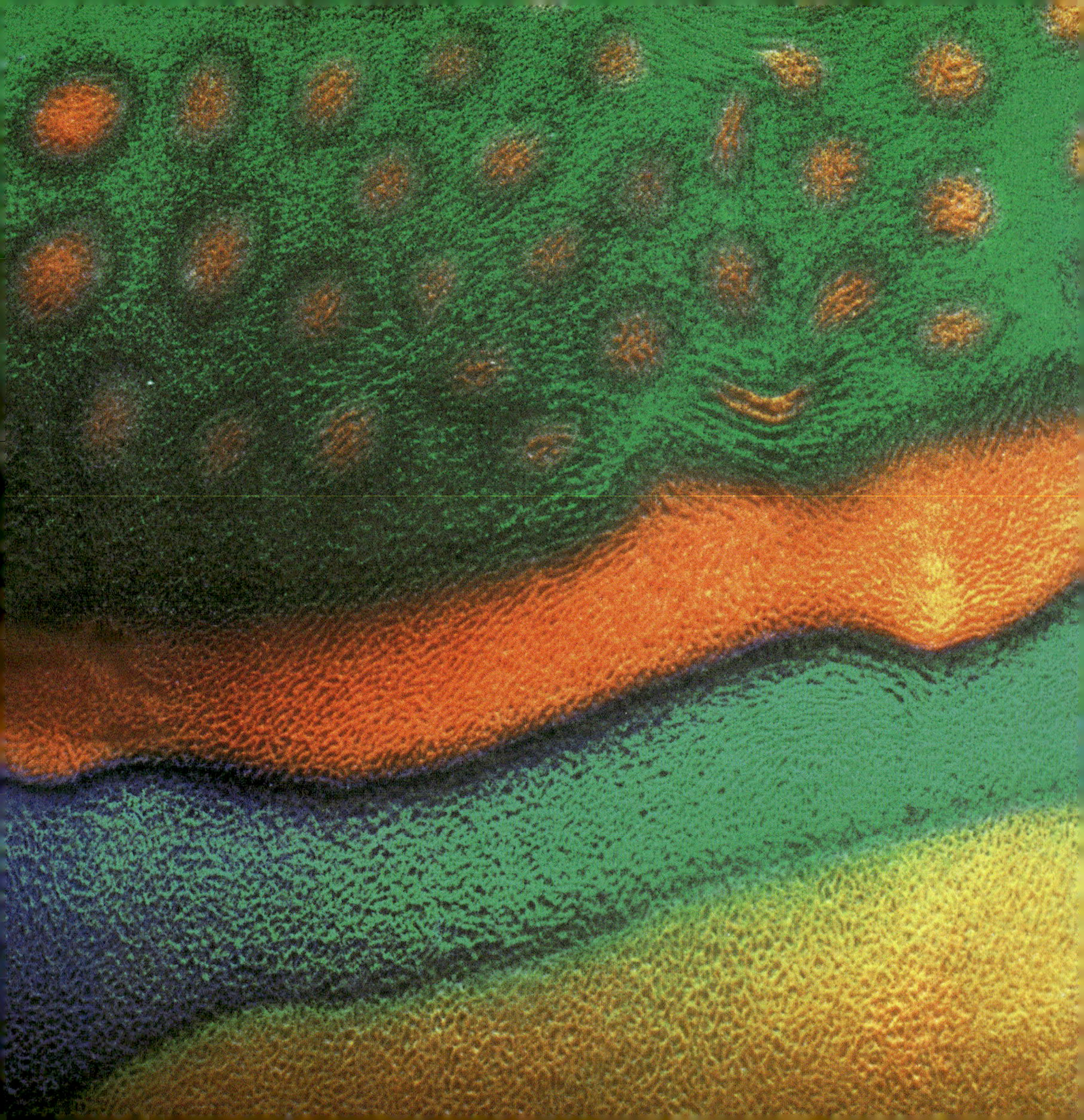

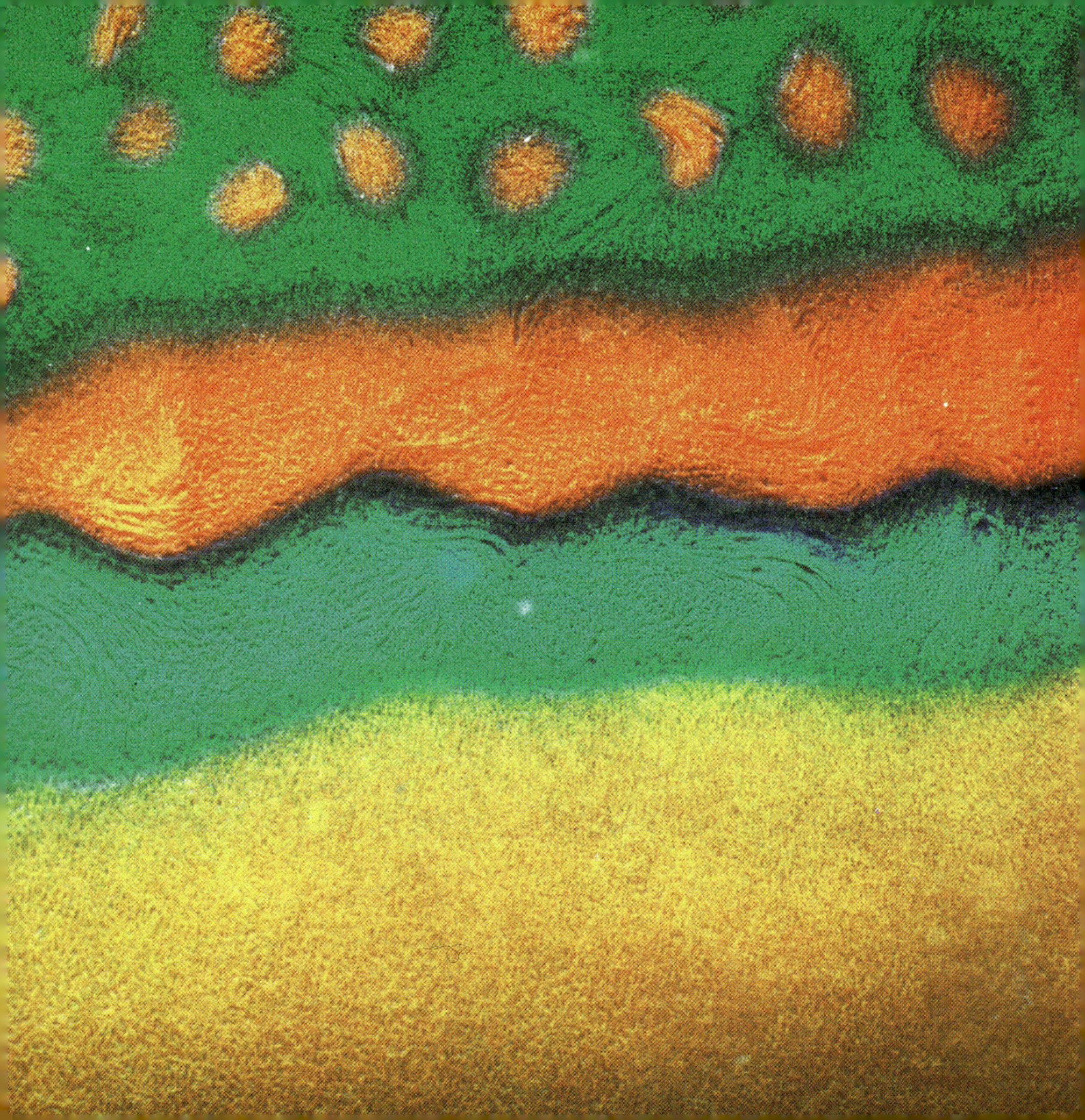

656-657 • Rotes Meer – Schwanz eines Papageienfisches.

658-659 • Rotes Meer, Ägypten – Lichtreflexe und lange Schatten an der Küste von Scharm-el-Scheich.

660-661 • Rotes Meer – Fahles Weiß, Türkis und Blau zwischen dem Korallenriff und dem sandigen Grund.

Atlantik – Von langen Wellen zum glatten Wasser.

Farbpaletten

664-665 ◦ Mittelmeer, Ligurien (Italien) – Lichtreflexe am Hafen von Portofino.

666-667 ◦ Mittelmeer, Ägypten – Spiegelungen an einem Strand nahe Alexandria.

668-669 ◦ Karibik, Belize – Alle Grün- und Blauschattierungen entlang der Küste.

DIE EBBE

THIERRY JIGOUREL

• Pazifik, Whitehaven Beach (Australien) – Die Folgen der Gezeiten.

EINLEITUNG Die Ebbe

„EIN ANLEGEPLATZ FÜR DAS JENSEITS“, SO SAGTE PLUTARCH. SCHON IMMER NÄHRTEN DIE RIESIGEN OZEANE DIE FANTASIEN DER VÖLKER, DIE AN IHREN UFERN LEBTEN. BESONDERS BEEINDRUCKEND SIND DIE REGELMÄSSIG WIEDERKEHRENDEN GEZEITEN, DER ATEM DES MEERES. DAS MEER, DIE LUNGE DER WELT! SEIT DER FASZINIERTE MENSCH DIE GEZEITEN ERKANNTE, WURDE ALLES ÜBER DIESES PHÄNOMEN GESAGT, DAS LANGSAME, UNABWENDBARE ANSTEIGEN DER GEWÄSSER, MÄCHTIG WIE EIN SEEUNGEHEUER, PRÄZISE WIE EIN SCHWEIZER UHRWERK. FALLS ES EINEN ORT GIBT, AN DEM DIESE EWIGE KRAFT KAUM SPÜRBAR IST, DANN AN DEN NORDWESTGRENZEN DES ALTEN KONTINENTS, AN DEN BREITEN WEISSEN STRÄNDEN. SCHON JULIUS

• Rotes Meer (Ägypten) - Ras Gharib.

EINLEITUNG Die Ebbe

CÄSAR, DER DAS MEER KANNTE, WAR SPRACHLOS: „ES IST SEHR SCHWIERIG“, SAGTE ER IN „DE BELLO GALLICO“, „IN EINEM SO RIESIGEN, ENDLOSEN MEER MIT STARKEN GEZEITEN UND WENIGEN ODER KEINEN HÄFEN ZU NAVIGIEREN.“ ALS ER DIESE WORTE SCHRIEB, KANNTE ER DEN SCHRECKLICHEN ÄRMELKANAL NOCH NICHT, WO DAS WASSER KILOMETERWEIT ZURÜCKWEICHT, UM DANN ZWEIMAL TÄGLICH MIT MACHT ZURÜCKZUKEHREN, WIE DER SPÄTERE IMPERATOR ANMERKTE. „LA MER CONTESTE LA RIVE“ – DAS MEER GREIFT NACH DEM UFER –, SCHRIEB DER POET XAVIER GRALL ÜBER DEN OZEAN, DEN MIT ALGEN BEDECKTEN GOTT LIR, DESSEN SCHULTERN SICH IM WEISSEN SCHAUM VERLIEREN UND DESSEN ATEM JODDURCHTRÄNKT IST. HIER, IM NORDEN FRANKREICHS,

EINLEITUNG Die Ebbe

IN DIESER FURCHT ERREGENDEN MEERENGE, ERREICHEN DIE GEZEITEN DIE GRÖSSTEN SCHWANKUNGEN WELTWEIT. ZEHN, SECHZEHN METER IN DER BUCHT VON MONT-SAINT-MICHEL! NUR NOCH IN EINER BUCHT HERRSCHEN STÄRKERE TIDEN: IN DER KANADISCHEN FUNDY-BUCHT – 16 METER! MAN MUSS SICH NICHT WUNDERN, DASS DIE MENSCHEN AM MEER ANGESICHTS DIESER UNERGRÜNDLICHEN MYSTERIEN SCHWINDELGEFÜHLE BEKAMEN UND DIESE MIT VISIONEN AUSSCHMÜCKTEN. DIE VON WELLEN ÜBERFLUTETE KÜSTE, EINE RAUE, ERBARMUNGSLOSE GEGEND, GRENZE ZWISCHEN ERDE UND MEER, WO ALGEN WABERN UND KLEINE AMPHIBIEN WIMMELN, WURDE ZUM REICH VERSUNKENER STÄDTE, VOR ALLEM DER STADT IS, DER HAUPTSTADT DER PRINZESSIN AHÈS-

EINLEITUNG Die Ebbe

DAHUD, DIE DURCH GÖTTLICHE STRAFE IN EINE SIRENE VERWANDELT WURDE. IN DER BUCHT VON LANNION IN SAINT-MICHEL, WO DAS MEER MANCHMAL ÜBER VIER KILOMETER ZURÜCKWEICHT, SCHWOR JEMAND, ER HABE AUF DEM MEERESGRUND DAS KREUZ DER KATHEDRALE EINER VERWUNSCHENEN STADT GESEHEN. UND SAGTEN DIE ALTEN, DEREN BLAUE AUGEN DARAN GEWÖHNT SIND, DEN HORIZONT ABZUSUCHEN, NICHT BIS VOR KURZEM, MAN KÖNNE BEI EBBE IN SEPT-ILES ZAUBERHAFTE GÄRTEN SEHEN? KANN MAN DIESES GRENZGEBIET MIT SEINEN VOM MEER ZERKLÜFTETEN STRÄNDEN NICHT FÜR EINEN ZIPFEL DES JENSEITS HALTEN?

677 Atlantik, Cayo Coco (Kuba) – Der Strand Paradon.

678-679 Nordsee, Belgien – Die Küste von Zeebrügge.

680-681 Atlantik, Bretagne (Frankreich) – Boote an Land.

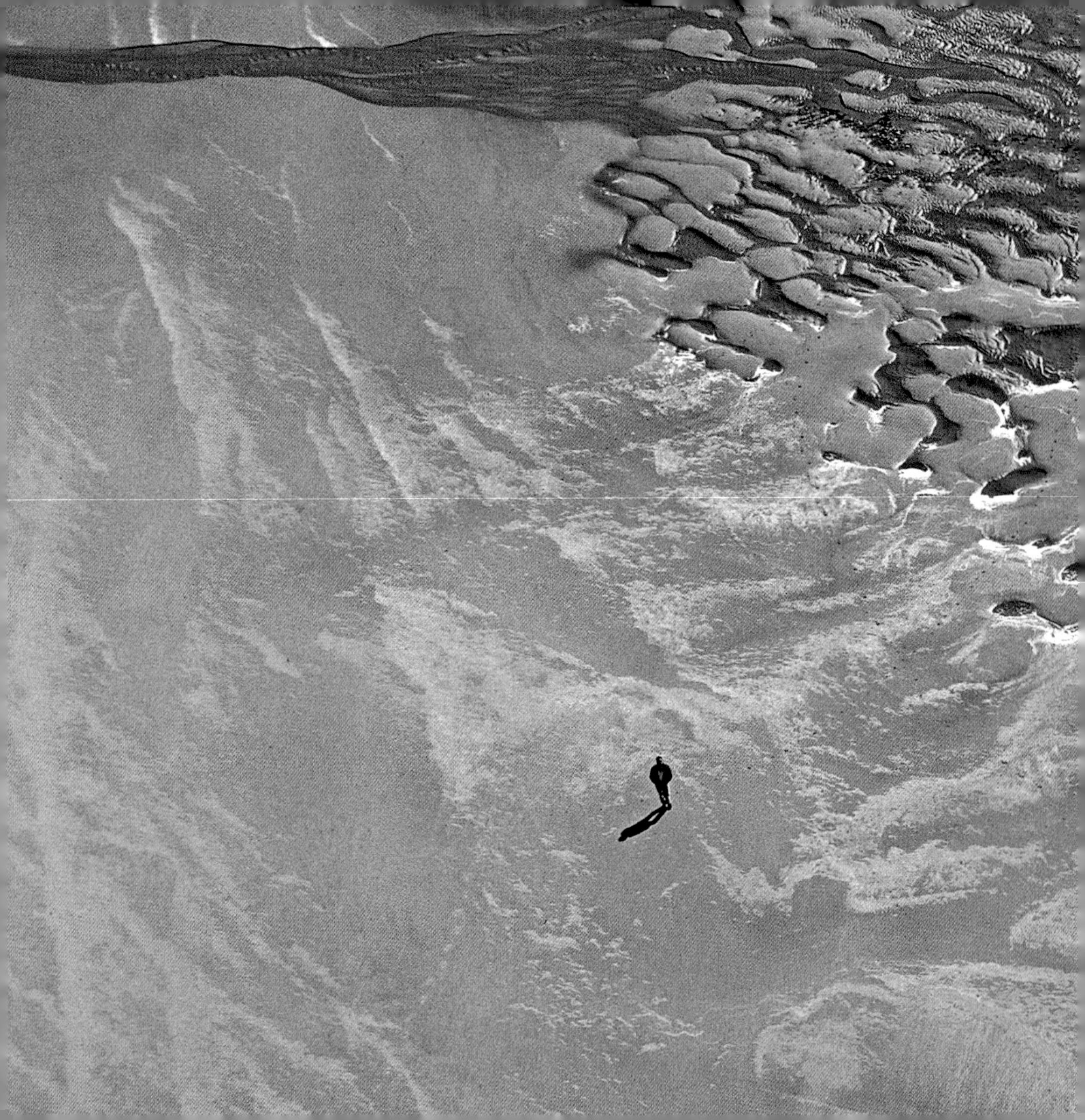

Ungewisse Erde

682-683 • Atlantik, Normandie (Frankreich) – Abtei und Insel von Mont St. Michel.

684-685 • Pazifik, Oregon (USA) – Haystack Rock und Cape Kiwanda.

Am Strand

- Nordsee, Schottland – Algen am Strand von Lochailort.

Atlantik, Western Cape (Südafrika) – Fluttümpel mit Algen und Blättern.

Anemonen und Sterne

Pazifik, Australien – In einem Fluttümpel versucht man dem Meer Land abzuringen.

692 • Pazifik, Hawaii – Warten auf die Flut.

692-693 • Indischer Ozean, Sansibar (Tansania) - Reflexe am Strand.

694-695 • Pazifik, Australien – Whitehaven Beach.

696-697 • Indischer Ozean, (Tansania) Sansibar.

WENN der TAG sich NEIGT

GAETANO CAFIERO

• Pazifik, Französisch Polynesien – Rangiroa.

EINLEITUNG Wenn der Tag sich neigt

„ES WAR ZEIT, DASS DER TAG SICH FÜR DIE SEELEUTE NEIGTE UND DAS HERZ AUFGEHE, DAS WÄHREND DES TAGES WEINTE, WEIL ES STÜRBE." DIE NOSTALGISCHE STUNDE FÄLLT – NICHT NUR FÜR DANTE – AUF DEN SONNENUNTERGANG, WENN DAS LETZTE TAGESLICHT ERLISCHT UND DIE FARBEN DES MEERES VERBLASSEN. DIESE FARBEN SIND, JE NACH LICHT-STÄRKE UND -QUALITÄT, LEBHAFT, BRILLANT, LEUCHTEND, BLASS ODER ÜBERSCHÄUMEND … DIE EINZIGARTIGEN FARBEN DES REGENBOGENS ODER EINES KALEIDOSKOPS SIND DAS ERGEBNIS DER SONNENSTRAHLEN AUF DEM WASSER, DEN FELSEN UND DER UMGEBUNG. MIT WELCHEN FARBEN BEMALT DIE SONNE DAS MEER? DAS URSPRÜNGLICH FARBLOSE WASSER IST WEISS,

EINLEITUNG Wenn der Tag sich neigt

WENN ES SCHÄUMT, UND SCHWARZ, WENN EINE MOND- UND STERNENLOSE NACHT HEREINBRICHT. TRANSPARENTES GRÜN WEIST AUF ALGEN, TRANSPARENTES ROSA AUF KORALLENSAND HIN. JEDE ART VON AZUR ODER BLAU FINDEN WIR, JE GRÖSSER DER ABSTAND ZWISCHEN MEERESSPIEGEL UND MEERESGRUND WIRD.

ABER ES GIBT EINEN MOMENT, IN DEM ALLE FARBEN EINS WERDEN: WENN DIE WARME NACHMITTAGSLUFT ABKÜHLT, DIE MEERESBRISE SICH ANKÜNDIGT UND DEN DUFT DES MEERES ANS UFER TRÄGT.

JETZT SENDET DIE SONNE IHRE LETZTEN GOLDENEN STRAHLEN, DIE SICH SOFORT BLUTROT UND DANN VIOLETT FÄRBEN.

Wenn der Tag sich neigt

Einleitung

WIE DIE SANFTEN FARBEN EINES BILDES FALLEN DIE STRAHLEN AUFS WASSER, AUF DIE DÄCHER, DIE KLIPPEN UND AUF AM STRAND VERGESSENE DINGE. SIE GEBEN IHNEN FORM. EIN SONNENSCHIRM, EIN EIMER, EIN BALL... ORANGEFARBENE WELLEN ROLLEN ANS UFER, UND DIE SCHWARZEN SILHOUETTEN DER MÖWEN FALLEN WIE KRÄCHZENDE SCHATTEN IM LETZTEN SONNENLICHT HERAB. DANN VERLISCHT JENSEITS DES HORIZONTS, HINTER EINEM BERG, DER SONNENUNTERGANG. DIE LUFT WIRD BLEICH UND DAS MEER GRAU WIE FLÜSSIGES BLEI. DAS MONDLICHT LEGT EINEN SILBERSTREIF AUF DIE MEERESOBERFLÄCHE.

703 • Mittelmeer, Griechenland – Jacinto

704-705 • Atlantik, Florida (USA) – Landungssteg zwischen Himmel und Meer.

706 von links nach rechts, von oben nach unten:

- Atlantik, Florida – Key West.
- Indischer Ozean, Thailand – Surat Thani.
- Indischer Ozean, Sri Lanka – Trinkomalee.
- Indischer Ozean, Thailand – Bucht von Laem Mai Kaen.
- Pazifik, Marquesa-Inseln und Fatu Hiva.
- Indischer Ozean, Thailand – Phuket.

707 • Karibik, Kuba – Kap San Antonio.

"DER TAG NEIGTE SICH IN RUHIGER HEITERKEIT UND HERRLICHEM GLANZ. DAS WASSER GLÄNZT FRIEDLICH; DER HIMMEL WAR EINE ANGENEHME WEITE REINEN LICHTS ... DIE SONNE BERÜHRTE BEI IHREM LANGSAMEN UNTERGANG DEN HORIZONT UND DAS FLIRRENDE WEISS WURDE ZU EINEM MATTEN ROT, OHNE STRAHLEN UND OHNE WÄRME."

aus HERZ DER FINSTERNIS
von Joseph Conrad

708-709 Atlantik, Florida – Canaveral National Seashore.

710-711 Atlantik, Französisch Polynesien - Fakarava.

712-713 Mittelmeer, Ligurien (Italien) – Cinque Terre.

714 • Atlantik, Namibia – Walvis Bay.

715 • Atlantik, Florida (USA) – Ein Reiher in der Nähe von Naples.

Tropische Farbpaletten

Indischer Ozean,
Thailand – Phuket.

Indischer Ozean,
Indonesien – Borneo.

720-721 • Indischer Ozean, Thailand – Phuket.

722-723 • Pazifik, Hawaii – Halbinsel Keanae in Maui.

724-725 • Mittelmeer, Frankreich – Côte d'Azur.

BIOGRAFIEN der Autoren

GAETANO CAFIERO

Gaetano "Ninì" Cafiero, geboren 1937 in Neapel. Als Fachmann und Journalist hat er, auch für White Star, etwa ein Dutzend Bücher über das Meer herausgegeben. Cafiero ist Mitglied der *Accademia Internazionale di Scienze e Tecniche Subacquee* in Ustica, der *Gruppo Ricerche Scientifiche e Tecniche Subacquee" in Florenz und der "Historical Diving Society.*

NORA L. DEANS

Hat ihren Abschluss an der Universität von Michigan gemacht und schreibt über das Thema Naturgeschichte. Sie hat die Veröffentlichungen zahlreicher amerikanischer Aquarien betreut, z. B. vom Monterey Aquarium in Kalifornien und New Jersey State Aquarium. Heute arbeitet sie für die *Alaska Natural History Association.*

GIANNI GUADALUPI

Geboren 1943, arbeitet seit 30 Jahren als Autor, Übersetzer und Herausgeber von Anthologien. Sein Spezialgebiet ist die Literatur über reale und imaginäre Reisen. Guadalupi hat zahlreiche, erfolgreiche Bücher geschrieben, einige sind bei White Star erschienen. Er ist Redakteur der Zeitschrift FMR und Mitherausgeber von *Le vie del mondo.*

THIERRY JIGOUREL

Ist Experte für Geografie, Geschichte und Mythen der Bretagne. Der Journalist und Autor hat Bücher über diese Region Frankreichs geschrieben, außerdem arbeitet er seit Jahren für diverse Zeitschriften, z.B. *Artus, Armor Magazine, Nouvel Ouest und seit einiger Zeit auch für Ar Men.*

CORNELIA LAUF

Kunstkritikerin und Kunsthistorikerin, betreut Ausstellungen und hat zahlreiche Fachpublikationen herausgegeben. Sie arbeitet als wissenschaftliche Mitarbeiterin an der *Columbia University*, New York und lebt in Rom und New York.

CARLO MARINCOVICH

Hat seine Segelkarriere 1950 begonnen und ist in der Finn-Klasse italienischer Meister geworden. Als Journalist hat er über die bedeutendsten Segelregatten der Welt berichtet, z. B. über *Whitbread Race*, *Admiral's Cup, Around Alone* und den *America's Cup.* Marincovich hat die Fachzeitschriften *Nautica* und *Forza 7* geleitet. Seit 1978 berichtet er für die Tageszeitung *La Repubblica* über Bootssport und Formel 1.

GIULIO MELEGARI MAZZONI

Geologe und Meeresbiologe, leitet die Abteilung *Unterwassertechnologie* der Firma SAIPEM, die für den italienischen Energiekonzern ENI Offshore-Plattformen errichten. Für White Star hat Mazzoni den Text zum Kapitel *Ägypten aus dem All* in *Horus Augen* geschrieben.

ANGELO MOJETTA

ist Meeresbiologe und Taucher. Er hat früher an Forschungsinstituten und -labors gearbeitet. Heute arbeitet er in der Lehre und in der Forschung und verfasst populärwissenschaftliche Artikel, Bücher und Handbücher rund um die Themen Meer und Tauchen. Mojetta ist Vorsitzender des *Comitato Scientifico e Ambientale* der Vereinigung *Assosub* und wissenschaftlicher Berater der Zeitschrift *Sub.*

COLIN MONTEATH

Fotograf, Autor und Bergsteiger, hat seit 1973 über 100 Reisen in die Antarktis unternommen, wo er auch längere Zeit gelebt hat. Seit 1983 hat er an zahlreichen Expeditionen in die Polargebiete und in die höchsten Gebirgsregionen der Welt teilgenommen. Monteath gilt heute als einer der bedeutendsten Reporter aus den Extremgebieten der Erde.

ALESSANDRA SENSINI

Geboren 1970 in Grosseto, hat nach ersten Erfolgen bei den italienischen Juniorenmeisterschaften im Windsurfen Wettbewerbe in allen Klassen gewonnen, bis sie dann ins Profilager überwechselte. Der Höhepunkt ihrer Sportlerkarriere war die Goldmedaille bei den Olympischen Spielen von Sydney.

GIOVANNI SOLDINI

Geboren 1960 in Mailand, gehört zu den berühmtesten Seglern der Welt. Er hat an zahlreichen Segelwettbewerben teilgenommen, gewonnen hat er u.a. 1996 Roma (mit Isabelle Autissier), den *Europe 1 Star,* 1997 die *Regatta Québec-Saint Malo*, und 1998 die *Atlantic Alone.*

Unvergessen wird seine siegreiche Teilnahme an der *Around Alone* 1998-99 bleiben, während der er Isabelle Autissier rettete, die mit ihrem Boot im Südpazifik Schiffbruch erlitten hatte.

Unter seinen letzten Unternehmungen ist besonders die Qualifikation mit dem Trimaran Tim bei der 7. *Route du Rhum* hervorzuheben, die als eine der schönsten Translatlantikregatten im Bereich Alleinsegeln gilt.

REGISTER

REGISTER

BILDNACHWEISE

Umschlagseite Mike Waggoner/Corbis/ Contrasto
Seite 1 Onne van der Wal/Bluegreen Pictures
Seiten 2-3 Marcello Bertinetti/Archivio White Star
Seiten 4-5 Kurt Amsler
Seiten 6-7 A. Conway/Archivio White Star
Seiten 9, 11, Rückwärtige Umschlagseite Marcello Bertinetti/Archivio White Star
Seiten 12-13 R. Sanford/Corbis/Contrasto
Seiten 14-15 Ron Dahlquist
Seite 17 Marcello Bertinetti/Archivio White Star
Seite 21 N. Rabinowitz/Corbis/Contrasto
Seiten 22-23 Ron Dahlquist
Seiten 24-25 B.S.P.I./Corbis/Contrasto
Seiten 27, 31, 32-33, 33, 34, 35, 36, 37, 38-39, 40, 40-41 Archiv NASA
Seite 42 Original image courtesy of NASA/Corbis/Contrasto
Seiten 43, 44-45 Archiv NASA
Seite 47 Gilles Martin Raget
Seite 51 Marcello Bertinetti/Archivio White Star
Seiten 52-53 R. Schmid/Simephoto
Seiten 54-55 Antonio Attini/Archivio White Star
Seiten 56-57, 58, 59 Guido Alberto Rossi/Image Bank
Seiten 60-61 G. Simeone/Simephoto
Seiten 62-63, 64-65 Anne Conway/ Archivio White Star
Seiten 66-67, 68-69, 69, 70-71 Marcello Bertinetti/Archivio White Star
Seiten 72-73 Giulio Veggi/Archivio White Star
Seiten 74-75 Airdata/Archivio De Agostini
Seiten 76-77 Giulio Veggi/Archivio White Star
Seiten 78-79 G. Simeone/Simephoto
Seiten 80-81 J. Huber/Simephoto
Seiten 82-83 Giulio Veggi/Archivio White Star
Seiten 84-85 Guido Alberto Rossi/Image Bank
Seiten 86, 87, 88-89 Antonio Attini/Archivio White Star
Seiten 90-91 M. Borchi/Archivio White Star
Seiten 92-93, 94-95 Antonio Attini/Archivio White Star
Seiten 96-97 M. Borchi/Archivio White Star
Seiten 98-99 Marcello Bertinetti/Archivio White Star
Seiten 100-101 Antonio Attini/Archivio White Star
Seiten 102-103 Gunter Ziesler
Seiten 104-105 Tui De Roi/Hedgehog House
Seiten 106-107 Marcello Bertinetti/ Archivio White Star
Seiten 108-109 G. Cubitt/Bruce Coleman
Seiten 110-111 M. Melodia/Panda Photo
Seiten 112-113, 114, 115 Antonio Attini/ Archivio White Star
Seiten 116-117 Marcello Bertinetti/ Archivio White Star
Seiten 118-119 Antonio Attini/Archivio White Star
Seiten 120-121. 122. 123. 124-125. 126-127 Marcello Bertinetti/Archivio White Star
Seiten 128, 129 J.P. Ferrero/Ardea London
Seiten 130-131 R. Woldendorp/ Panda Photo
Seiten 132-133 J. Huber/Simephoto
Seiten 134-135 Y. Arthus-Bertrand/ Corbis/Contrasto
Seiten 136-137 Kurt Amsler
Seiten 138-139 Livio Bourbon/Archivio White Star
Seiten 140-141 M. Allwood-Coppin/ Africaimagery.com
Seiten 142-143 Marcello Bertinetti/ Archivio White Star
Seiten 144-145 Antonio Attini/Archivio White Star
Seiten 146-147, 148-149, 149, 150-151 Marcello Bertinetti/Archivio White Star
Seite 153 D. Parer & E. Parer Cook/Ardea London Ltd.
Seite 157 Y. Arthus-Bertrand/Corbis/ Contrasto
Seiten 158-159 T. Mckenna/Corbis/ Contrasto
Seiten 160-161 Marco Moretti
Seiten 162-163 J. Amos/Robertstock
Seiten 164-165 M. T. Sedam/Corbis/ Contrasto
Seiten 166-167 K. Aitken/Panda Photo
Seiten 168-169 I. Vissen/Hedgehog House
Seiten 170-171 Y. Arthus-Bertrand/ Corbis/Contrasto
Seiten 172-173 Michael Yamashita
Seiten 174-175 Kurt Amsler
Seiten 176-177, 178-179 Marcello Bertinetti/Archivio White Star
Seiten 180-181 Y. Arthus-Bertrand/ Corbis/Contrasto
Seiten 182-183 A. Conway/Archivio White Star
Seiten 184-185 Airdata/Archivio De Agostini
Seiten 186-187 Egidio Trainito
Seite 188 Guido Alberto Rossi/Image Bank
Seiten 189, 190-191 Y. Arthus-Bertrand/ Corbis/Contrasto
Seiten 192-193. 193 Antonio Attini/Archivio White Star
Seiten 194-195 Fr. Jourdan/Explorer/ Hoa-Qui
Seiten 196-197 Jim Wark/Airphoto
Seiten 198-199 Marcello Bertinetti/Archivio White Star

Seiten 200-201 Antonio Attini/Archivio White Star
Seiten 202-203 Adriano Penco
Seiten 204-205 Jim Wark /Airphoto
Seite 207 Franco Banfi
Seite 211 T. Davis/Corbis/Contrasto
Seiten 212-213 D. Tipling/Windrush Photos
Seiten 214-215 P. Oxford/Wild Images/ RSPCA Photolibrary
Seiten 216-217 N. Lightfoot/Wild Images/ RSPCA Photolibrary
Seiten 218-219 Marcello Bertinetti/ Archivio White Star
Seiten 220-221 G. Robertson/Ardea London
Seiten 222-223 Franco Banfi
Seiten 224-225 Gilles Martin-Raget
Seiten 226-227, 228-229 Colin Monteath/ Hedgehog House
Seiten 230-231 T. Davis/Corbis/Contrasto
Seite 232 G. L. Kooyman/Hedgehog House
Seite 233 G. Rowell/Corbis/Contrasto
Seite 234 True North Images/ Agephotostock/Contrasto
Seite 235 D. Guravich/Corbis/Contrasto
Seiten 236-237 John K.B. Ford/Ursus/ Seapics.com
Seiten 238-239 Galen Rowell/Corbis/ Contrasto
Seite 241 Roberto Merlo
Seite 245 G. Simeone/Simephoto
Seiten 246-247 Anne Conway/Archivio White Star
Seiten 248-249, 249 Marcello Bertinetti/ Archivio White Star
Seiten 250-251, 252 Anne Conway/ Archivio White Star
Seiten 252-253 Giulio Veggi/Archivio White Star
Seiten 254-255, 255 Marcello Bertinetti/ Archivio White Star
Seiten 256-257 Anne Conway/Archivio White Star
Seiten 258-259 Giulio Veggi/Archivio White Star
Seiten 260-261 Anne Conway/Archivio White Star
Seiten 262-263, 264, 265 Giulio Veggi/ Archivio White Star
Seite 266 Alfio Garozzo/Archivio White Star
Seite 267 J. Huber/Simephoto
Seiten 268-269 G. Simeone/Simephoto
Seiten 270-271, 272-273 Marcello Bertinetti/Archivio White Star
Seite 273 Guido Alberto Rossi/Image Bank
Seiten 274-275 A. Holder/Flypictures
Seiten 276, 277 Guido Alberto Rossi/ Image Bank
Seiten 278-279 Livio Bourbon/Archivio White Star
Seiten 280-281 Y. Artus-Bertrand/Corbis/ Contrasto
Seiten 282-283 G. Simeone/Simephoto
Seiten 284-285 D. Dixon/Ardea London Ltd.
Seiten 286, 286-287 Giulio Veggi/Archivio White Star
Seiten 288-289 Gräfenhain/Simephoto
Seiten 290-291 H.P. Huber/Simephoto
Seiten 292-293, 294-295 Marcello Bertinetti/Archivio White Star
Seiten 296-297, 298, 298-299 Y. Arthus-Bertrand/Corbis/Contrasto
Seiten 300-301 Marcello Bertinetti/ Archivio White Star
Seite 303 Michael Yamashita
Seiten 307, 308-309, 309 Livio Bourbon/ Archivio White Star
Seiten 310, 311, 312, 313, 314-315, 316, 317 Giulio Veggi/Archivio White Star
Seiten 318-319, 320-321 Marcello Bertinetti/Archivio White Star
Seiten 322-323 S. Kazlowski/Seapics.com
Seiten 324-325 J. Gaumy/Magnum Photos/Contrasto
Seiten 326-327, 328-329 S. Andras/Rea/ Contrasto
Seiten 330-331, 332-333 N. Fobes/Corbis/ Contrasto
Seiten 334-335 B. Rowan; Progressive Image/Corbis/Contrasto
Seiten 336-337, 338, 339, 340-341, 342-343, 344-345, 345, 346-347 Marcello Bertinetti/Archivio White Star
Seiten 348-349 Michael Yamashita/ Corbis/Contrasto
Seiten 350-351, 351, 352, 353, 354-355 Michael Yamashita
Seiten 356-357, 358-359 Jurgen Freund
Seiten 360-361 Marcello Bertinetti/ Archivio White Star
Seiten 362-363 Michael Yamashita
Seite 365 Onne van der Wal/Bluegreen Pictures
Seite 369 A. Horowitz/Corbis/Contrasto
Seiten 370-371 Y. Arthus-Bertrand/ Corbis/Contrasto
Seiten 372-373 T. Haentzschel/AP Photo
Seite 374 Gilles Martin Raget
Seiten 374-375 Kos Pictures
Seiten 376-377 P. Finger/Corbis/Contrasto
Seiten 378, 378-379 Marcello Bertinetti/ Archivio White Star
Seiten 380-381 C. Tuttle/Corbis/Contrasto
Seite 383 Ron Dahlquist
Seite 387, 388-389 Marcello Bertinetti/ Archivio White Star
Seiten 390-391 Ron Dahlquist
Seiten 392-393 Marcello Bertinetti/Archivio White Star

BILDNACHWEISE

Seiten 394-395 Sanford-Agliolo/Corbis/Contrasto
Seiten 396-397 Giulio Veggi/Archivio White Star
Seiten 398-399 C. Monteath/Hedgehog House
Seiten 400-401 Royalty Free/Corbis/Contrasto
Seiten 402-403 H. Gruyaert/Magnum Photos/Contrasto
Seiten 404-405 G. Stenberg/AP Photo
Seiten 406-407, 408-409 J. Gaumy/Magnum Photos/Contrasto
Seiten 411, 415 C. Borlenghi/Sea&See
Seiten 416-417 Kos Pictures
Seiten 418-419, 420-421 C. Février/Bluegreen Pictures
Seiten 422, 422-423 Kos Pictures
Seiten 424-425 Gilles Martin Raget
Seiten 426-427 C. Février/Bluegreen Pictures
Seite 428 C. Borlenghi/Sea&See
Seite 429 C. Borlenghi/Kos Pictures
Seiten 430-431, 432-433 Corbis/Contrasto
Seiten 434-435 Kos Pictures
Seite 436 P. Bassani/Sea&See
Seite 437 R. Guerrini/Sea&See
Seiten 438, 438-439, 440-441 Sea&See
Seiten 442-443, 443 Corbis/Contrasto
Seiten 444-445 Allsports Concept/Getty Images
Seiten 446, 447 Gilles Martin Raget
Seiten 448-449 D. Treml/AFP Photo/Foto De Bellis
Seiten 450-451 F. Socha/Bluegreen Pictures
Seite 451 D. Treml/AFP Photo/Foto De Bellis
Seiten 452-453, 454-455 Gilles Martin Raget
Seiten 456-457 C. Février/Bluegreen Pictures
Seite 458 J. Sohm, ChromoSohm Inc./Corbis/Contrasto
Seiten 458-459 Y. Zedda/Bluegreen Pictures
Seiten 460-461 C. Février/Bluegreen Pictures
Seite 463 J. Sohm; ChromoSohm/Corbis/Contrasto
Seite 467 Tim Mckenna
Seiten 468-469, 470-471 Ron Dahlquist
Seite 472 R. Palomba/Foc/Double's
Seite 473 Ron Dahlquist
Seiten 474-475 Hulton Archive/Laura Ronchi
Seiten 476-477 Larry Williams/Corbis/Contrasto
Seiten 478, 478-479 Double's
Seite 480 Imagestate/ICP
Seite 481 S. Wilkings/Corbis/Contrasto
Seiten 482-483 Ron Dahlquist
Seite 485 J. Rotman/Corbis/Contrasto
Seite 489 Jurgen Freund
Seiten 490-491 D. Peebles/Corbis/Contrasto
Seiten 492-493 D. Tipling/Windrush Photos
Seite 494 Marcello Bertinetti/Archivio White Star
Seite 495 M. Aucar/Hedgehog House
Seite 496 K. Aitkel/Marinethemes
Seite 497 K. Hoppen/Marinethemes
Seiten 498-499, 500, 501, 502-503 K. Aitkel/Marinethemes
Seiten 504-505 D. Parer & E. Parer-Cook/Ardea London Ltd.
Seite 505 M. Watson/Ardea London Ltd.
Seite 506 J. Cancalosi/Ardea London Ltd
Seiten 506-507 Tui De Roy/Hedgehog House
Seiten 508-509, 510-511 Marcello Bertinetti/Archivio White Star
Seite 513 K. Aitkel/Marinethemes
Seite 517 Kurt Amsler
Seite 518 Franco Banfi
Seite 519 Adriano Penco
Seiten 520-521 Claudio Cangini
Seite 521 Carlo De Fabianis/Archivio White Star
Seiten 522-523 Franco Banfi
Seite 524 Jurgen Freund
Seite 525 Vincenzo Paolillo
Seiten 526-527 F. Banfi/Seapics.com
Seite 528 Adriano Penco
Seiten 528-529 Franco Banfi
Seite 530 K. Aitken/Pandaphoto
Seiten 530-531 Reinhard Dirscherl
Seiten 532-533 F. Ayerst/Africaimagery.com
Seite 533 Adriano Penco
Seiten 534-535 Jeff Rotman Photography
Seiten 536-537, 537 Marcello Bertinetti/Archivio White Star
Seiten 538, 539, 540-541, 542-543 Jurgen Freund
Seiten 544-545 Kurt Amsler
Seite 546 Adriano Penco
Seite 547 Kurt Amsler
Seiten 548-549 Jeff Rotman Photography
Seiten 550-551 Kurt Amsler
Seiten 552-553 Vincenzo Paolillo
Seite 555 M. Osmond/Ardea London Ltd.
Seite 559 J. D. Watt/Seapics.com
Seiten 560-561 B. Cranston/InnerspaceVision/Seapics.com
Seiten 562-563 B. Cranston/Panda Photo
Seiten 564-565, 565 K. Aitkel/Marinethemes
Seite 566 M. S. Nolan/Seapics.com
Seiten 566-567 D. Perrine/HWRF/Seapics.com

Seite 568 links G. Lacz/Panda Photo
Seite 568 rechts A. Nachoum/ Innerspace Vision
Seite 569 G. Lacz/Panda Photo
Seiten 570-571 Jurgen Freund
Seiten 572-573 Jeff Rotman Photography
Seiten 574-575 C. Gennaro-Kurr/ Seapics.com
Seite 575 C & M Fellows/Seapics.com
Seite 576 J.D. Watt/Seapics.com
Seiten 576-577 C & M Fellows/ Seapics.com
Seite 578 D. D. Seifert/Ardea London Ltd
Seiten 579, 580-581 H. Hall/Seapics.com
Seiten 582-583 J. D. Watt/Panda Photo
Seite 583 D. Perrine/Seapics.com
Seiten 584-585 R. Herrmann/Seapics.com
Seite 586 Jeff Rotman Photography
Seiten 586-587 J. D. Watt/Seapics.com
Seiten 588-589 D. Perrine/Seapics.com
Seite 590 Jeff Rotman Photography
Seite 591 Deepseaimages
Seiten 592-593 M. Ushioda/Seapics.com
Seiten 594-595, 595 K. Aitkel/ Marinethemes
Seiten 596-597, 598, 598-599 D. Perrine/ Seapics.com
Seiten 600-601 Alamy Images
Seite 603 R. White/Corbis/Contrasto
Seiten 608, 608-609 Marcello Bertinetti/ Archivio White Star
Seiten 610-611 Theo Allofs
Seiten 612-613 C. Gerigk/AP Photo
Seiten 614-615, 615 J. Blair/Corbis/ Contrasto
Seiten 616-617 Roberto Rinaldi
Seiten 618-619 A. Vanzo
Seite 620 Vincenzo Paolillo
Seite 621 Kurt Amsler
Seiten 622-623 Massimo Bicciato
Seite 624 Roberto Rinaldi
Seite 625 A. Vanzo
Seite 626 Kurt Amsler
Seite 627 Egidio Trainito
Seiten 628-629 Franco Banfi
Seite 631 Ron Dahlquist
Seite 635 Seapics.com
Seiten 636-637 Tim Mckenna
Seiten 638, 638-639 G. Brad Lewis/ Agephotostock/Contrasto
Seiten 640-641, 642-643 Seapics.com
Seiten 644-645 R. Ressmeyer/Corbis/ Contrasto
Seite 647 R. Frazier/Alamy Images
Seite 651 Marcello Bertinetti/Archivio White Star
Seiten 652-653 R. Martin/Alamy Images
Seiten 654-655, 656-657 Jeff Rotman Photography
Seiten 658-659, 660-661 Marcello Bertinetti/ Archivio White Star
Seite 662 Gilles Martin Raget
Seite 663 Marcello Bertinetti/Archivio White Star
Seiten 664-665 Anne Conway/Archivio White Star
Seiten 666-667 Marcello Bertinetti/ Archivio White Star
Seiten 668-669 Kurt Amsler
Seite 671 Y. Arthus-Bertrand/Corbis/ Contrasto
Seite 673 Marcello Bertinetti/Archivio White Star
Seite 677 Antonio Attini/Archivio White Star
Seiten 678-679 Gilles Martin Raget
Seiten 680-681 Guido Alberto Rossi/Image Bank
Seiten 682-683 G. Simeone/Simephoto
Seiten 684-685 C. Tuttle/Corbis/ Contrasto
Seiten 686-687 Laurie Campbell
Seiten 688-689, 689 G. Dreyer/ Africaimagery.com
Seiten 690-691 D. Gulin/Corbis/ Contrasto
Seite 692 Laurie Campbell
Seiten 692-693 Marcello Bertinetti/ Archivio White Star
Seiten 694-695 Y. Arthus-Bertrand/ Corbis/Contrasto
Seiten 696-697, 699 Marcello Bertinetti/ Archivio White Star
Seite 703 Antonio Attini/Archivio White Star
Seiten 704-705 J. Amos/Robertstock
Seite 706 oben links Marcello Bertinetti/Archivio White Star
Seite 706 oben Mitte, 706 oben rechts, 706 Mitte links Livio Bourbon/ Archivio White Star
Seite 706 Mitte Marcello Bertinetti/ Archivio White Star
Seiten 706 unten, 707 Livio Bourbon/ Archivio White Star
Seiten 708-709, 710-711, 712-713 Marcello Bertinetti/Archivio White Star
Seite 714 R. de la Harpe/RDPL
Seite 715 Ron Dahlquist
Seiten 716-717 Reinhard Dirscherl
Seiten 718-719 Marcello Bertinetti/ Archivio White Star
Seiten 720-721 Livio Bourbon/Archivio White Star
Seiten 722-723 QT Luong/ terragalleria.com
Seiten 724-725 Kos Pictures
Seite 736 Anne Conway/Archivio White Star

Mittelmeer, Ligurien (Italien) – Hafen von Camogli.